Gutachten C

zum 68. Deutschen Juristentag

Berlin 2010

Verhandlungen des 68. Deutschen Juristentages

Berlin 2010

Herausgegeben von der

Ständigen Deputation

des Deutschen Juristentages

Band I

Gutachten

Teil C

Erfordert das Beschleunigungsgebot eine Umgestaltung des Strafverfahrens?

– Verständigung im Strafverfahren
– Fristsetzung für Beweisanträge
– Beschränkung der Geltendmachung von Verfahrensgarantien

Gutachten C

zum 68. Deutschen Juristentag

Erstattet von

Prof. Dr. Hans Kudlich

Inhaber des Lehrstuhls für Strafrecht,
Strafprozessrecht und Rechtsphilosophie
der Friedrich-Alexander-Universität Erlangen-Nürnberg

Verlag C. H. Beck München 2010

Verlag C. H. Beck im Internet:
beck.de

ISBN 978 3 406 60193 4

Wilhelmstraße 9, 80801 München
Druck: Druckerei C. H. Beck Nördlingen
(Adresse wie Verlag)

Gedruckt auf säurefreiem, alterungsbeständigem Papier
(hergestellt aus chlorfrei gebleichtem Zellstoff)

Inhaltsverzeichnis

A. Einleitung*

„Die moderne Gesellschaft kann (...) mit Fug und Recht als Beschleunigungsgesellschaft bezeichnet werden. Sie ist nicht nur durch (...) Beschleunigungsfortschritte (...) gekennzeichnet, sondern auch durch extrem hohe Raten des (...) Wandels – und der (...) Unsicherheit: Nichts bleibt so, wie es ist, die Handlungsbedingungen ändern sich in steter Regelmäßigkeit."[1] Diese durchaus negativ konnotierte Beschreibung unseres Alltags auf einer Homepage über psychosoziale Erkrankungen („Eilkrankheit") scheint gut auf bestimmte Aspekte des modernen Strafprozesses zu passen: In der Diskussion in Gesetzgebung wie Rechtsanwendung findet sich in gleicher Weise immer wieder der Beschleunigungstopos, und die mit ihm verbundenen Änderungen sind von fundamentaler Bedeutung („nichts bleibt so, wie es ist ...").

Um dies nur mit einigen aktuellen Fragestellungen zu belegen, seien bereits an dieser Stelle Diskussion über bzw. Regelung der Absprachen im Strafverfahren (welche zumindest auf den ersten Blick grundlegenden Prozessmaximen widersprechen könnten), richterliche Befristung des Beweisantragsrechts als – zumindest teilweise so empfundene – Erosion prozessualen Urgesteins sowie die durch den Großen Strafsenat[2] und auch durch das BVerfG[3] abgesegnete „Rügeverkümmerung" (welche einen Schlussstrich unter eine über 100-jährige liberale Rechtsprechungstradition gezogen hat) erwähnt. All dies sind Erscheinungen, die möglicherweise als Symptome eines von der „Eilkrankheit" befallenen Strafprozesses gedeutet werden könnten.

Bezeichnend für die Blüten, die das Beschleunigungspostulat treibt, ist auch eine jüngere Entscheidung des 3. Strafsenats[4] zur Frage nach der Änderung eines Geschäftsverteilungsplanes nach § 21e III 1 GVG im laufenden Geschäftsjahr wegen Überbelastung eines Spruchkörpers: Der Senat sieht hier nicht nur die Möglichkeit, dass eine solche Änderung (trotz Art. 101 I GG) *zulässig sein*, ja mit Blick auf den Beschleunigungsgrundsatz sogar *verfassungsrechtlich geboten* sein kann, sondern

---

* §§ ohne Gesetzesangaben sind solche der StPO.

[1] Vgl. www.eilkrankheit.de/Hintergrund.html (zuletzt abgerufen am 14. 4. 2010).

[2] Vgl. BGHSt 51, 298.

[3] Vgl. BVerfGE 122, 248 m. Anm. *Kudlich/Christensen*, JZ 2009, 943 ff.; *Bertheau*, NJW 2010, 973 ff.; *Fahl*, JR 2009, 245 ff.; vgl. unter methodischen Aspekten dazu auch *Rüthers*, NJW 2009, 1461 f.

[4] 3 StR 174/09 v. 4. 8. 2009 = HRRS 2009 Nr. 983.

räumt dann konziliant ein:[5] „Das Beschleunigungsgebot lässt indes das Recht auf den gesetzlichen Richter nicht vollständig zurücktreten". Wahrscheinlich ist die Aussage gut gemeint; und es soll hier auch gar nicht in eine vertiefte Sachdiskussion eingestiegen werden – es ist aber doch einigermaßen irritierend, wenn betont werden muss, dass die explizite Verfassungsgarantie (!) des gesetzlichen Richters „nicht vollständig" hinter den Gedanken der Beschleunigung zurücktreten müsse.

Aber hier (gesellschaftliche Entwicklung) wie dort (Strafrechtssystem) gilt auch: Die Situationsbeschreibung ist ambivalent. Ebenso wie „technische Beschleunigungsfortschritte, insbesondere bei der elektronischen Informationsbearbeitung und -übertragung"[6] *per se* kaum nur als negativ empfunden werden dürften, sondern vielmehr auch einen Fortschritt (bzw. zumindest ein notwendiges Zugeständnis an die Erfordernisse des Wunsches nach zunehmendem Komfort in unserem Alltag) darstellen, können beschleunigte Verfahrensdurchführung und -erledigung in bestimmten Konstellationen von allen Beteiligten als positiv empfunden werden bzw. sind zumindest erforderlich, wenn in zunehmend komplexeren Verfahren von einer personell vielfach unterausgestatteten Justiz steigende Fallzahlen bewältigt werden sollen. Moderne und Beschleunigung gehören zusammen.[7]

Sollen – um ein letztes Mal die Parallele zur psycho-sozialen Eilkrankheit metaphorisch zu strapazieren – die aufscheinenden Symptome diagnostiziert (und möglicherweise sogar Vorschläge für ihre Behandlung gemacht) werden, so müssen zunächst die (Hinter-) Gründe für einen (vermeintlichen?) Beschleunigungsbedarf im Strafverfahren skizziert werden. Dazu sollen zuerst die Rahmenbedingungen, d.h. insbesondere die dogmatischen und verfassungsrechtlichen Grundlagen des Beschleunigungsgebotes, die von Beschleunigungsmaßnahmen ggf. betroffenen Rechtspositionen sowie der bestehende „Erledigungsdruck" in der Justiz mit seinen rechtstatsächlichen, aber auch materiellrechtlichen Verflechtungen beschrieben werden. Darauf aufbauend werden dann dem Gutachtenauftrag entsprechend[8] drei besonders bedeutsame Felder aus der aktuellen Diskussion näher beleuchtet:[9]

---

[5] Vgl. Fn. 4, dort Rn. 19.

[6] Vgl. nochmals www.eilkrankheit.de/Hintergrund.html (zuletzt abgerufen am 14. 4. 2010).

[7] Vgl. hierzu auch aus soziologischer Sicht eingehend *Rosa*, Beschleunigung. Die Veränderung der Temporalstrukturen in der Moderne, 2005.

[8] Gerade durch diese Untertitel unterscheidet sich der Gutachtenauftrag trotz einer ähnlichen Formulierung im Oberthema maßgeblich auch von demjenigen an *Gössel* zum 60. DJT 1994. Einige der dort aufgeworfenen Fragen spielen aber insbesondere für das dritte Unterthema eine Rolle.

[9] Vgl. insbesondere zur Verortung der Fragen 1 und 2 beim Problem des Beschleunigungsgrundsatzes auch bereits *Tepperwien*, NStZ 2009, 1, 5ff.

1. *Verständigung im Strafverfahren.* Hier ist insbesondere eine kritische Würdigung der Regelungen des sog. Verständigungsgesetzes vorzunehmen, wobei keine umfassende „Kommentierung" und Analyse der neuen Vorschriften, sondern (schon aus Umfanggründen)[10] insbesondere eine Einbettung in das Rahmenthema angestrebt wird.
2. *Fristsetzung für Beweisanträge.* Insbesondere anknüpfend an eine viel diskutierte (und mittlerweile verfassungsgerichtlich bestätigte)[11] Leitentscheidung des 1. Strafsenats aus dem Jahr 2008[12] soll die Zulässigkeit einer solchen richterlichen Fristsetzung für Beweisanträge untersucht werden. Dabei wird das Spannungsverhältnis zwischen Beweisantragsrecht und Beschleunigungsgebot auch im größeren Zusammenhang diskutiert und in den Kontext der seit vielen Jahren und auch gerade in der jüngeren Vergangenheit immer wieder geführten Missbrauchsdiskussionen gestellt werden.
3. *Beschränkung der Geltendmachung von Verfahrensgarantien.* Ebenfalls im Überschneidungsbereich von „Beschleunigung" und „Missbrauchsabwehr" ist der dritte Gutachtenunterauftrag der sonstigen „Beschränkung der Geltendmachung von Verfahrensgarantien" zu sehen. Dabei können naturgemäß derartige Beschränkungsmöglichkeiten nur sehr selektiv abgehandelt werden, so dass der Schwerpunkt der Überlegungen auf gemeinsamen Entwicklungsstrukturen der jeweiligen Einzelfragen liegen soll.

Der Gutachtenauftrag führt dazu, dass die Überlegungen nicht vorrangig auf Lösungsvorschläge *de lege ferenda* fixiert sind,[13] zumal insbesondere die beiden ersten Unterthemen gerade in jüngerer Zeit bereits *erfolgte* „Umgestaltungen des Strafverfahrens" betreffen. Bevor hier über Lösungsmöglichkeiten *de lege ferenda* nachgedacht werden kann, ist eine kritische Auseinandersetzung mit dieser Rechtsprechung an vielen Stellen unverzichtbar, um Klarheit darüber zu gewinnen, ob nicht *de lege lata* umgekehrt eine Rückbesinnung auf das „entschleunigte" Strafverfahren erforderlich ist.

---

[10] Hinzu tritt, dass zum Thema Absprachen schon jetzt prognostiziert werden kann, dass auf Grund des geforderten Manuskriptabschlusses Ende 2009 bis zur Veröffentlichung des Gutachtens noch zahlreiche neue Ideen und Probleme aufgeworfen und die ersten Erfahrungen mit der praktischen Umsetzung des Verständigungsgesetztes gemacht werden.

[11] Vgl. BVerfG NJW 2010, 592 = NStZ 2010, 155.

[12] Vgl. BGHSt 52, 355.

[13] Vgl. zu solchen das Gutachten zum 60. DJT von *Gössel.*

B. Rahmenbedingungen

I. Beschleunigungsgrundsatz

1. Ausprägung und Wurzeln des Beschleunigungsgrundsatzes

Das Beschleunigungsgebot wird – wie auch viele andere Prozessmaximen – in der StPO nicht explizit ausformuliert, ist jedoch an einer Reihe von Stellen angedeutet.[14] Gleichwohl geht die h.M. davon aus, dass dieses Gebot bzw. das eng mit ihm verwandte oder aber aus ihm abzuleitende Konzentrationsgebot eine strafprozessuale Verfahrensmaxime darstellen[15] – dabei freilich eine solche, bei deren Handhabung in besonderer Weise Vorsicht geboten sein soll.[16] Seine Bedeutung wird dabei in der Geschichte des Strafprozessrechts durchaus nicht einheitlich wahrgenommen, wie etwa ein Vergleich der sehr knappen und „vorsichtigen" Erwähnung der „Schnelligkeit" als Prozessprinzip in der 1. Auflage des Lehrbuchs von *Henkel* aus dem Jahre 1953[17] mit der wahren Flut von Entscheidungen zum Beschleunigungsgrundsatz etwa durch das BVerfG in den Jahren 2003 bis 2006[18] zeigt. Diese unterschiedliche Wahrnehmung dürfte ihren Grund in der in den letzten Jahren, wenn nicht sogar schon Jahrzehnten bestehenden notorischen Überlastung der Justiz einerseits,[19] aber auch in der besonderen Sensibilität gegenüber (tatsächlichen oder vermeintlichen)[20] Verfahrensverzögerungen andererseits haben. Als allgemeines Prinzip ist der Beschleunigungsgrundsatz in Art. 6 I 1 EMRK verankert, der jedermann das Recht garantiert, dass über eine gegen ihn „erhobene strafrechtliche Anklage" u.a. auch „innerhalb angemessener Frist verhandelt wird." Nicht umsonst hatte viel-

---

[14] Vgl. nur die §§ 115, 121, 122, 128f., 163 II 1, 229, 329, 338 Nr. 1b.

[15] Vgl. nur LR-*Kühne*, Einl. B Rn. 41; Einl. E Rn. 67f.; *Kindhäuser*, Strafprozessrecht, § 18 Rn 1, 6ff., 24; *Volk*, Grundkurs StPO, § 18 Rn. 11, 13.

[16] Vgl. bereits *Henkel*, Strafverfahrensrecht, S. 104f.; *Kühne*, Strafprozessrecht, Rn. 268.

[17] Vgl. *Henkel*, Strafverfahrensrecht, S. 104f.

[18] Vgl. nur BVerfG NJW 2003, 2897, NJW 2004, 2398, NJW 2005, 3485, NStZ 2005, 456; StV 2006, 81; NJW 2006, 672; NJW 2006, 1336; NStZ 2006, 680.

[19] Vgl. LR-*Kühne*, Einl. B Rn. 40.

[20] Insoweit kritisch zur Rechtsprechung des BVerfG *Foth*, NStZ 2005, 457f.

fach gerade der EGMR die Rolle eines „Motors" in der Diskussion um die Beschleunigung des Strafverfahrens.[21]

Verfassungsrechtlich zieht das BVerfG (das auf Art. 6 EMRK als Prüfungsmaßstab nicht zurückgreifen kann, da dieser innerstaatlich im Grundsatz nur mit dem Rang einfachen Gesetzesrechts gilt)[22] Art. 2 II 2 GG i.V.m. dem Verhältnismäßigkeitsgrundsatz heran.[23] Damit wird das Beschleunigungsgebot einerseits als Ausfluss des Rechtsstaatsprinzips verstanden,[24] während es andererseits mitunter nur als das Prinzip der Wahrheitsfindung einschränkende „Praktikabilitätserwägung" bezeichnet wird,[25] die mit dem Rechtsstaatsprinzip nur schwerlich friedvoll vereint werden kann.

2. *Die beiden Dimensionen des Beschleunigungsgebotes*

Diese divergierenden Bewertungen – teils als zentrales verfassungsrechtliches Prinzip, teils als mit Vorsicht zu genießende Praktikabilitätserwägung; teils als Ausfluss des Rechtsstaatsprinzips, teils als mit diesem schwer zu versöhnendes Gegenprinzip – rühren daher, dass das „Beschleunigungsgebot" zwei ganz unterschiedliche Dimensionen beinhaltet, die freilich in der Diskussion nicht immer hinreichend klar voneinander getrennt werden: Zum einen eine beschuldigtenschützende, zum anderen eine verfahrensökonomische. Dass beide Dimensionen – nicht immer, aber doch – mitunter konträr zueinander stehen können, dürfte nicht erstaunen. Und so wenig spektakulär diese Erkenntnis der beiden, teils gegenläufigen Dimensionen ist, so wichtig ist es im Folgenden, diese – wenngleich terminologisch traditionell in beiden Fällen auf „das Beschleunigungsgebot" abgestellt wird – inhaltlich deutlich voneinander zu trennen. Anderenfalls läuft die Argumentation Gefahr, im Einzelfall zynisch, zumindest aber „unangemessen paternalistisch" zu verlaufen, wenn der Angeklagte vor Verzögerungen des Verfahrens „geschützt" werden soll, die durch das von ihm eingelegte Rechtsmittel eintreten,

---

[21] Vgl. zur Auswirkung der Rechtsprechung des EGMR bzw. der Praxis der Menschenrechtskommission auf das nationale Verfahrensrecht gerade auch unter dem Gesichtspunkt der Beschleunigung nur *Demko*, HRRS 2005, 283ff.; *Kadelbach*, JZ 2000, 1053ff.; *Peglau*, JuS 2006, 704ff.; *Peukert*, EuGRZ 1979, 261ff.; monographisch etwa *Brett*, Verfahrensdauer, passim.

[22] Vgl. nur BVerfGE 74, 358, 370; BVerfGE 111, 307, 317; für das Strafrecht auch BGHSt 21, 81, 84, sowie *Weigend*, StV 2000, 384, 386.

[23] Vgl. nur BVerfG NStZ 2004, 335.

[24] Vgl. neben den Nachw. in Fn. 23 etwa BVerfGE 63, 45, 69; BVerfG NStZ 2006, 680; aus der Literatur etwa KK-StPO-*Pfeifer/Hannich*, Einl. Rn. 11.

[25] Vgl. LR-*Kühne*, Einl. B Rn. 41.

und ihm dieses Rechtsmittel daher genommen wird.[26] Auch die aus den beiden unterschiedlichen Dimensionen abzuleitenden Forderungen werden vielfach ganz verschiedene sein (wenngleich im Einzelfall selbstverständlich eine tatsächlich eintretende Beschleunigung durchaus beiden Dimensionen dienen kann). Daher werden im Folgenden die beiden Dimensionen des Beschleunigungsgrundsatzes getrennt voneinander auf die Grundlinien ihrer Anwendung in der Rechtsprechung und die ggf. aus ihnen abzuleitenden Forderungen betrachtet.

a) Beschuldigtenschützende Dimension

Das Beschleunigungsgebot dient vorrangig dem Schutz des Beschuldigten.[27] Richtigerweise wird man auch allein für diese Dimension Art. 6 I 1 EMRK als Grundlage heranziehen können, da gerade der Beschuldigte Adressat dieser Gewährleistung ist. Eine Konventionsverletzung kommt daher auch nur in Betracht, soweit die beschuldigtenschützende Dimension betroffen ist. Von den beiden meist diskutierten Fragen in diesem Zusammenhang – zum einen Berechnung der „angemessenen Frist" (i.S.d. Art. 6 I EMRK), zum anderen Folge einer etwaigen Verletzung des Beschleunigungsgebotes – ist für die folgenden Überlegungen allein die erste fruchtbar.[28] Dabei ist davon auszugehen, dass der maßgebende Zeitraum in Strafsachen spätestens mit der Erhebung der Anklage, möglicherweise aber auch früher (etwa durch eine vorläufige Festnahme oder andere Ermittlungsmaßnahmen) beginnt.[29] Ein Verstoß gegen Art. 6 I 1 EMRK kommt allerdings nur bei einer *rechtsstaatswidrigen* Verfahrensverzögerung in Betracht;[30] insbesondere Verfahrensverlängerungen, die nur dadurch entstehen, dass auf die Revision eines Ange-

---

[26] Vgl. dazu BGHSt 51, 298, 310.

[27] Vgl. etwa KK-*Pfeiffer/Hannich*, Einl. Rn. 11; *Meyer-Goßner*, Einleitung, Rn. 160; MAH-Strafverteidigung-*König*, § 4 Rn. 235.

[28] Zur zweiten Frage der Kompensation einer rechtsstaatswidrigen Verfahrensverzögerung hat die Rechtsprechung bekanntlich zwar grundsätzlich die Annahme eines Verfahrenshindernisses abgelehnt (vgl. nur BGHSt 24, 239; 27, 274; 35, 137, 139f.; anders dagegen teilweise die Literatur, vgl. *Hillenkamp,* NJW 1989, 2841, 2842f.; nur für Extremfälle *I. Roxin*, Rechtsstaatsverstöße, S. 243, 250; Überblick zum Diskussionsstand in Rechtsprechung und Literatur etwa bei *Kühne*, StV 2001, 529ff.), darin aber einen besonderen Strafmilderungsgrund neben dem ohnehin strafmildernden Aspekt des Zeitablaufs zwischen Tat und Aburteilung gesehen (vgl. BGH NStZ 1987, 232; 1988, 552; BVerfG NJW 2003, 2225; 2003, 2897; BGHSt 45, 308, 309f.). In jüngerer Zeit wurde die sog. „Strafabschlagslösung" vom Großen Strafsenat durch ein Strafvollstreckungsmodell abgelöst (vgl. BGHSt 52, 124). Näher zu den Folgen einer rechtsstaatswidrigen Verzögerung *Tepperwien*, NStZ 2009, 1, 3ff.

[29] Vgl. EGMR NJW 2002, 2856; *Tepperwien*, NStZ 2009, 1 m.w.N.

[30] Näher *Tepperwien*, NStZ 2009, 1, 2 m.w.N.

klagten hin ein Urteil aufgehoben und die Sache zur erneuten Verhandlung zurückverwiesen wird, begründen grundsätzlich – obwohl der zur Aufhebung führende Fehler aus der Sphäre des Gerichts und damit des Staates kommt – keine rechtsstaatswidrige Verfahrensverzögerung.[31] Anderes kann gelten, wenn die Aufhebung auf einen offensichtlich der Justiz anzulastenden Verfahrensfehler zurückzuführen ist.[32] Wichtig ist dabei, dass die Angemessenheit der Frist stets im Hinblick auf die Umstände des konkreten Einzelfalls geprüft werden muss,[33] weil erst diese konkreten Umstände Zeit und Verfahrenshandlungen in eine aussagekräftige Relation bringen können.[34]

Schon diese knappe Skizze macht deutlich, dass die klassischen Überlegungen zu beschuldigtenschützenden Dimension für die im Gutachten aufgeworfene Frage nach dem Erfordernis einer „Umgestaltung" des Strafverfahrens wenig ergiebig sind, da aufgrund der starken Einzelfallabhängigkeit der Bemessung einer „angemessenen Frist" grundsätzliche Änderungen der Verfahrensstruktur damit kaum gerechtfertigt werden können. Selbstverständlich ist eine Beschleunigung, die im Einzelfall nicht im Verdacht steht, Beschuldigtenrechte zu verkürzen, unbedenklich und *sub specie* Art. 6 I 1 EMRK sogar zu begrüßen. Würden also etwa die Urteilsabsetzungsfristen oder die Unterbrechungsmöglichkeiten verkürzt, könnte das zu einer gewissen Beschleunigung führen, die umgekehrt den Beschuldigten nicht beeinträchtigt. Insoweit wird man freilich die gegenwärtigen Regelungen im deutschen Strafverfahrensrecht als solche durchwegs als nicht konventionswidrig erachten müssen.

Sonstige Änderungen, die zu einer Verfahrensbeschleunigung führen können, wären zwar mit Blick auf das Beschleunigungsgebot durchaus „auf der Habenseite" zu notieren, bei einer Gesamtbetrachtung der Verfahrenspositionen des Beschuldigten und damit seiner Stellung in einem möglichst fairen Verfahren aber problematisch. Wo das Verfahren um den Preis einer Einschränkung anderer Rechte, insbesondere solcher, die in Art 6 EMRK gewährleistet sind, beschleunigt wird, lässt sich dies im Zweifel nicht mit der beschuldigtenschützenden Dimension des Beschleunigungsgrundsatzes legitimieren. Eine solche Gewährleistung aber wird entweder unter Anknüpfung an das ebenfalls in Art. 6 I 1 EMRK ausdrücklich statuierte Recht auf ein faires Verfahren oder aber als Ausfluss des aus einer Gesamtbetrachtung des Art. 6 EMRK abzuleitenden „Rechtes

[31] Vgl. BVerfG NJW 2003, 2228; 2005, 3485, 3487.

[32] Vgl. BVerfG NJW 2006, 672.

[33] Vgl. EGMR EuGRZ 1993, 384; NJW 2005, 3125, 3126.

[34] Vgl. dazu auch – jeweils in etwas anderem Zusammenhang – BVerfGE 55, 349, 369; BVerfG NJW 1985, 1019.

auf Teilhabe durch Verteidigung"[35] bei den meisten Verteidigungsmöglichkeiten des Angeklagten betroffen sein.

b) Verfahrensökonomische Dimension

Daneben liegt das Beschleunigungsgebot aber auch im öffentlichen Interesse.[36] Ihm kommt zum einen – was im Einzelfall auch im Interesse des Beschuldigten liegen kann, aber nicht notwendig liegen muss – eine „wahrheitssichernde" Funktion zu, da die Ermittlung des wahren Sachverhaltes als zentrales Anliegen des Strafprozesses mit zunehmendem Zeitablauf beeinträchtigt werden kann. Daneben ist ein Beschleunigungsgebot aber v.a. „wirtschaftlichkeitsdienlich"[37] bzw. ressourcenschonend und damit letztlich ein wichtiger Faktor bei der Gewährung einer „Funktionstüchtigkeit der Strafrechtspflege".

Diese Funktionstüchtigkeit wird auch vom BVerfG als wichtiges Schutzgut anerkannt, das in der Abwägung der im Strafprozess zu berücksichtigenden Interessen eine große Rolle spielen kann.[38] Erscheinen durch die tatsächliche oder rechtliche Situation Wahrheitsfindung und damit auch Gerechtigkeit in ihrer Durchsetzbarkeit gefährdet, ergäben sich aus dem Rechtsstaatsprinzip Grenzen für solche Regelungen, mit denen die Funktionstüchtigkeit der Strafrechtspflege (und sei es auch zum Schutz der Grundrechte der Verfahrensbeteiligten) eingeschränkt würde. Es ist nun kein Geheimnis, dass der Funktionstüchtigkeitstopos fast nur erwähnt wird, wenn es um eine Einschränkung von Beschuldigtenrechten geht.[39] Dies hat dazu geführt, dass in der Literatur z.T. erhebliche Kritik an der „restaurativen" oder „gegenreformatorischen" Argumentation mit dieser Figur geübt wurde. Diese richtet sich v.a. gegen ihre Herleitung aus dem Rechtsstaatsprinzip,[40] gegen die Unbestimmtheit des Begriffs[41] und gegen die damit angeblich verbundene scheinbare Harmonisierung antagonistischer Interessen.[42]

Auch insoweit gilt also ähnlich wie bei der beschuldigtenschützenden Dimension, dass der Beschleunigungsgrundsatz im Einzelfall ein Kriterium bei der konkreten Anwendung von Vorschriften sein kann, aber für den Gesetzgeber keine zwingenden Vorgaben enthält. Der wesentliche Unterschied zur beschuldigtenschützenden Dimension besteht darin, dass eine verfahrensökonomische Dimension

---

[35] Vgl. grundlegend *Gaede*, Fairness, insbesondere S. 339ff.

[36] Vgl. KK-*Pfeiffer/Hannich*, Einl. Rn. 11; *Meyer-Goßner*, Einleitung Rn 160.

[37] Zur Frage nach dem Erfordernis einer „Wirtschaftlichkeit des Strafverfahrens" vgl. *Kühne*, Strafprozessrecht, Rn. 279ff.

[38] Vgl. nur BVerfG E 33, 367, 383; 46, 214, 222f.; 53, 152, 160; 74, 257, 262.

[39] Vgl. dazu m.w.N. und Beispielen *Hassemer*, StV 1982, 275; vgl. auch *Weichert*, Informationelle Selbstbestimmung, S. 39.

[40] Vgl. zu dieser Kritik v.a. *Grünwald*, JZ 1976, 767, 773; ihm folgend *Weichert*, Informationelle Selbstbestimmung, S. 39.

[41] Vgl. etwa *Weichert*, Informationelle Selbstbestimmung, S. 40f.

[42] Vgl. *Hassemer*, StV 1982, 275, 278f., sowie nochmals *Grünwald*, JZ 1976, 767ff.

des Beschleunigungsgrundsatzes zu einer Abwägung mit Beschuldigtenrechten zwingt. Beschuldigtenrechte und die verfahrensökonomische bzw. funktionstüchtigkeitsermöglichende Dimension des Beschleunigungsgebotes sind von vornherein einander gegenüberstehende Positionen, die in einen angemessenen Ausgleich gebracht werden müssen.

3. Fazit

Der Beschleunigungstopos wird zwar vielfach bemüht und ist in seiner Bedeutung auch nicht zu unterschätzen. Meist wird er jedoch auslegungsleitend bzw. einzelfallbezogen herangezogen und bildet dabei dann eines unter mehreren Sachargumenten im Rahmen der konkreten Rechtsanwendung. Dagegen ist sein Steuerungspotential für eine generelle „Umgestaltung" des Strafverfahrens – sei es durch gesetzgeberische Akte, sei es durch generelle Auslegungsanordnungen durch die obergerichtliche Rechtsprechung – deutlich geringer, da insbesondere die „angemessene Frist" i.S.d. Art. 6 I 1 EMRK stets nur einzelfallbezogen bestimmt werden kann.

Der Beschleunigungsgrundsatz ist aber nicht nur relativ zur konkreten Verfahrenssituation,[43] sondern auch zum jeweils geltenden Verfahrenssystem. M. a.W: Ob ein Verfahren – und zwar sowohl hinsichtlich der beschuldigtenschützenden als auch hinsichtlich der verfahrensökonomischen Dimension – hinreichend beschleunigt betrieben wird, ist letztlich vorrangig systemimmanent zu beurteilen. In einer „anderen (prozessualen)" Welt ist immer auch ein anderes und damit schnelleres Verfahren vorstellbar. Bei einer system*transzendenten* Betrachtung der Beschleunigung als gleichsam „absoluter Größe" wird man nicht vielmehr als das Folgende aussagen können: Soweit eine Verfahrensbeschleunigung ohne jeden Verzicht auf den geltenden Standard der Beschuldigtenrechte möglich ist, ist dies unzweifelhaft positiv zu bewerten. Soweit dagegen Verfahrensrechte des Beschuldigten hinter den geltenden *status quo* zurückgeschnitten werden, kann dies nicht aus der beschuldigtenschützenden, möglicherweise aber aus der verfahrensökonomischen Perspektive gerechtfertigt sein. Die hierfür erforderliche Abwägung zwischen Beschuldigtenrechten und Beschleunigungsgrundsatz ist in weiten Bereichen eine rechtspolitische Entscheidung. Mit Blick auf ein etwaiges Beschleunigungspotential ist insoweit wohl davon auszugehen, dass die gegenwärtige Ausgestaltung der StPO nicht überall das verfassungsrechtlich gerade noch zulässige Minimum darstellt –

---

[43] Ebenso KK-*Pfeiffer/Hannich*, Einl. Rn. 11.

ob man sich diesem aber annähern bzw. über einen einmal erreichten Status der Rechtsstaatlichkeit[44] zurückgehen möchte, ist eine ganz andere Frage.

II. Rechtstatsächliche und materiellrechtliche Rahmenbedingungen

1. Gestiegener Erledigungsdruck

Soweit über das Erfordernis einer Beschleunigung des Strafverfahrens – und zwar insbesondere in seiner verfahrensökonomischen Dimension – nachgedacht wird, ist für die Legitimation derartiger Überlegungen von Interesse, inwieweit rechtstatsächlich überhaupt ein Bedarf zu einer solchen „Verfahrensökonomisierung" besteht. Der bloße Hinweis darauf, dass eine schnellere und wirtschaftlichere Erledigung staatlicher Aufgaben gleichsam per se etwas Gutes ist, wird dafür nicht genügen können – denn eine sorgfältige und rechtsstaatlich-behutsame Strafrechtspflege sind zwar gewiss ein „Luxus", aber doch ohne Zweifel einer, den sich ein Grundrechtsbindung und Rechtsstaatsprinzip verschriebenes und letztlich immer noch vergleichsweise wohlhabendes Gemeinwesen leisten *sollte.* Die Hürde liegt also höher, und es ist durchaus danach zu fragen, ob der Erledigungsdruck in einer Weise angestiegen ist, welcher signifikant zu einer Beschleunigung des Strafverfahrens drängt.

Dass die Strafjustiz überlastet ist und teilweise nur noch wegen des vielfach überobligationsmäßigen Einsatzes von Richtern und Staatsanwälten rechtsstaatskonform „funktioniert", wird allenthalben betont. Auch wenn Einigkeit darüber bestehen dürfte, dass die tatsächliche Belastung (und noch mehr die „gefühlte Belastung") individuell verschieden ausfällt und dass im vorliegenden Rahmen eine valide empirische Untersuchung dieser Belastung nicht leistbar ist, so lohnt doch ein kurzer Blick in die amtlichen Statistiken. Für die Bereiche des „Massengeschäfts" (d.h. für die staatsanwaltschaftliche Tätigkeit, für das Bußgeldverfahren, für die erstinstanzlichen Verfahren bei Amtsgericht und Landgericht sowie für die Rechtsmitteltätigkeit von Landgericht und Oberlandesgericht) nennt das Bundesamt für Justiz in seiner Aufstellung der Geschäftsentwicklung bei Gerichten und Staatsanwaltschaften (jeweils für den Zeitraum von

[44] Vgl. nur die bekannte Metapher *Roxins* zum Strafverfahren als Seismograph der Staatsverfassung.

1994–2007, bei der Tätigkeit bei der Staatsanwaltschaften für den Zeitraum 1995–2007) folgende Zahlen:[45]

- Für die Amtsgerichte ist der sog. „Belastungsquotient“[46] im genannten Zeitraum von 379,2 auf 414,4 (durchaus mit Schwankungen, aber in insgesamt doch steigender Tendenz) und damit um ca. 9% angestiegen.
- Bei der erstinstanzlichen Zuständigkeit der Landgerichte betrug der Anstieg ca. 12,7% (von 12,6 auf 14,2).
- Bei der zweitinstanzlichen Tätigkeit der Landgerichte (Berufungsverfahren gegen landgerichtliche Urteile) betrug der Anstieg rund 5,8% (106,8 auf 113).
- Bei der Revisionstätigkeit der Oberlandesgerichte betrug der Anstieg rund 12% (55,9 auf 62,6).
- In der Eingangsinstanz im Bußgeldverfahren betrug der Zuwachs ca. 19,8% (862,2 auf 1033,5).
- Bei den Staatsanwaltschaften betrug der Zuwachs (1995–2007) schließlich sogar rund 25,7% (881,3 auf 1107,6).

Diese gestiegenen Belastungen haben ihren Grund zwar teilweise in erhöhten Eingangszahlen. Dies gilt auf der einen Seite insbesondere für die Revisionstätigkeit der Oberlandesgerichte (4986 auf 6104 Verfahren[47]), auf der anderen Seite aber auch im Bereich der Staatsanwaltschaften (Steigerung von 4217962 auf 4932493 Eingänge). Mindestens ebenso bedeutsam für den erhöhten Belastungsquotienten sind aber auch die rückläufigen Zahlen im Bereich der Personalverwendung: So blieb bei den Amtsgerichten trotz einer Zunahme der Eingangszahlen um ca. 10% die Richterzahl ungefähr gleich; bei der Staatsanwaltschaft wurde trotz einer Zunahme der Eingangszahlen um ca. 1/6 noch Personal in einer Größenordnung von 7% abgebaut; für die erstinstanzliche Tätigkeit der Landgerichte (als derjenige Bereich, in dem die Beschleunigungsdiskussion wohl die größte Rolle spielen dürfte) wurden – zugegebenermaßen auch bei einem Rückgang der Eingangszahlen um 6,4% – gleich 16,8% Personal abgebaut.

Diese Zahlen machen deutlich, dass Belastungszahlen und Personalentwicklung teilweise auseinander laufen, jedenfalls aber ein et-

---

[45] Vgl. Bundesamt für Justiz (Referat III 3), Dokumente 3004/2b-B7728/2008 vom 19. 11. 2008 (Gerichte) und 3004/2e – B7704/2008 vom 5. 11. 2008 (Staatsanwaltschaften).

[46] D.h. der Quotient aus der Zahl der Neuzugänge dividiert durch die Personalverwendung.

[47] Dieses bundesweite Bild bestätigt sich etwa exemplarisch auch im Tätigkeitsbericht des Kammergerichtes in den vergangenen Jahren, vgl. nur die Tätigkeitsberichte der Jahre 2006 (S. 26), 2007 (S. 25) sowie 2008 (S. 22f.), aus denen sich zwischen 2001 und 2008 eine Steigerung der Eingangszahlen von 354 auf 447 (mit einer Spitze im Jahr 2007 von 482 Verfahren) ergibt.

waiger Personalabbau einen ggf. geringfügigen Rückgang bei den Belastungszahlen deutlich überschreitet. Dass es sich hierbei um kein „Nachwuchsproblem" der Justiz handelt, liegt angesichts der Vielzahl von letztlich abgewiesenen Bewerbern auf der Hand.[48] Die Gründe sind dann offenbar rein fiskalische – man kann (und muss vielleicht) für diese Verständnis haben, muss dies aber auch so deutlich aussprechen.

2. *Materiellrechtliche Entwicklung*

In einem Verwaltungssystem würde die Überlegung zumindest nahe liegen, auf (und sei es kostenmäßig bedingt) gesunkene Personalzahlen und gleichzeitig tendenziell steigende Eingangszahlen mit einer „Deregulierung" zu reagieren, d.h. *a priori* weniger Fälle diesem Regelungssystem zu unterwerfen. Für den Bereich im Strafverfahrens würde dies heißen: eine Entkriminalisierung vorzunehmen. Dass im materiellen Strafrecht so nicht vorgegangen worden ist, wird jeder mit der Materie befasste Strafrechtler schon intuitiv erahnen, und diese Ahnung wird auch durch einen Überblick über die strafrechtlichen Änderungsgesetze der letzten Jahrzehnte[49] bestätigt.[50]

Beschränkt man sich auf den Zeitraum seit der Neuverkündigung des StGB nach dem 2. StrRG, so stehen die Gesetzesänderungen, die zu einer Ausweitung der Strafbarkeit (Einführung neuer Straftatbestände bzw. Qualifikationen) geführt haben, zu solchen, welche zu einer Streichung derselben geführt haben, ungefähr im Verhältnis 3:1.[51] Dabei ist zwar zu berücksichtigen, dass die Einfügungen von Strafbarkeiten ins StGB vielfach auch bloße Übernahmen von nebenstrafrechtlichen Regelungen ins Kernstrafrecht darstellen; nicht

---

[48] Man wird auch nicht ernsthaft davon ausgehen können, dass in der zumeist nach der Note im Zweiten Staatsexamen einstellenden Justiz nicht hinreichend viele grundsätzlich *geeignete* Bewerber zur Verfügung stehen.

[49] Übersichtliche Zusammenstellung in der Sammlung der Änderungsgesetze seit Inkrafttreten des RStGB von *Vormbaum/Welp*, Strafgesetzbuch, hier insb. in Bänden 3 und 4.

[50] Ähnliche Einschätzung offenbar bei *Hettinger*, Müller-FS, S. 261, 270f.; vgl. auch bereits knapp *Gössel*, Gutachten, S. 14f.

[51] Diese Zählung beschränkt sich auf das recht grobe Modell „Einführung oder Streichung einer strafbarkeitsbegründenden bzw. verschärfenden Norm". Nicht selten wird durch das gleiche Gesetz eine Vorschrift gestrichen und – ggf. an anderer Stelle bzw. in geänderter Form – die entsprechende Strafbarkeit wieder eingeführt. Da diese Gesetze dann sowohl als „Einfügungen" als auch „Streichungen" der Strafbarkeit gezählt worden sind, bleibt im Ergebnis der Überhang der Strafbarkeitsverschärfungen auch dann bestehen, wenn man solche Fälle gewissermaßen „herauskürzt" – anteilmäßig wird er dann sogar noch größer.

selten sind mit dieser Übernahme aber auch gewisse Erweiterungen der Strafbarkeit verbunden. Zu solchen mehr oder weniger neuen bzw. zumindest neu ins Kernstrafrecht aufgenommenen Strafbarkeitsbestimmungen kommen Änderungen von Vorschriften, die hier nicht als „Einfügung in eine neuen Strafbarkeit" gezählt worden sind, auch wenn sie nicht selten zu einer Ausdehnung (und in vielen Fällen auch nicht zu einer Vereinfachung der Rechtsanwendung!) geführt haben, wie man sich leicht vor Augen führen kann, wenn man etwa die Umformulierungen der §§ 244, 250 StGB durch das 6. Strafrechtsreformgesetz betrachtet. Gerade dieses 6. Strafrechtsreformgesetz wird – nebenbei bemerkt – vielfach auch als Beleg für eine Strafgesetzgebung betrachtet, die durch handwerkliche Mängel aufgrund der entstehenden Unsicherheiten kaum zur Beschleunigung beiträgt.[52]

Im Kernstrafrecht mag man noch auf dem Standpunkt stehen, dass es sich überwiegend um mehr oder weniger unverzichtbare Pönalisierungen handelt (wenngleich auch das StGB deutlich über den Dekalog hinausgeht). Daneben treten aber noch Verschärfungen und Änderungen im Nebenstrafrecht, welche kaum als ressourcenschonend erachtet werden können: So trifft man etwa bei den neu gefassten Vorschriften über die Marktpreismanipulation in §§ 20a, 38, 39 WpHG in der Gestalt des Anlegerschutzverbesserungsgesetzes auf eine Materie, die an Komplexität schwerlich zu überbieten ist, nicht selten umfangreiche und zeitraubende Sachverständigengutachten erfordert und darüber hinaus – mitunter zugegebenermaßen europarechtlich vorgezeichnet – Verhaltensformen kriminalisiert (oder zumindest zu kriminalisieren droht), die (etwa bei effektiven Geschäften ohne falsche Angaben, die aber als irreführende Signale auf dem Markt interpretiert werden können) deutlich an der Grenze zur Strafwürdigkeit liegen.[53]

3. Fazit

Das Strafverfahren, dessen Änderungsbedarf mit Blick auf den Beschleunigungsgrundsatz nach dem Gutachtenauftrag zu untersuchen ist, ist nur ein Faktor im System der staatlichen Kriminalitätsbewältigung. Für die Frage, wie gut und rasch diese gelingen kann, sind

[52] Vgl. zur Kritik am 6. StRG nur den frühen Überblicksbeitrag bei *Schroth*, NJW 1998, 2861 ff.; speziell zu den Brandstiftungsdelikten auch *Fischer,* NStZ 1999, 13 f.; im größeren Zusammenhang auch *Arzt*, ZStW 111 (1999), 757 ff.

[53] Vgl. zu den mit „für ‚modernes' Strafrecht typisch komplexen Tatbeständen" verbundenen Problemen im vorliegenden Zusammenhang auch *Kempf*, Stellungnahme, S. 2 f., sowie *Schünemann,* StraFo 2010, 90, 94.

neben dem Strafverfahrensrecht insbesondere die Eingangszahlen, die materiellstrafrechtlichen Vorgaben und die Justizorganisation (im weiteren Sinn einschließlich der Richterzahlen) von Bedeutung.[54] Die beiden Stellschrauben, an denen im Sinne einer raschen Erledigung von Strafverfahren sonst noch „gedreht" werden könnte (Ausmaß der materiellrechtlichen Kriminalisierung und Justizorganisation) werden nach dem vorhergehenden kurzen Überblick tendenziell nicht beschleunigungswirksam, sondern sogar eher gegenläufig angezogen. Man mag dies als politisch-fiskalische Notwendigkeit begreifen, die keinen Änderungsspielraum lässt, so dass nur noch am Strafverfahrensrecht nachjustiert werden könnte – freilich muss diese Wertschätzung dann auch offen gelegt werden.

III. Denkbare von Beschleunigungsmaßnahmen betroffene Rechtspositionen

Schon in den bisherigen Überlegungen ist mehrfach angeklungen, dass verfahrensbeschleunigende Gesetzesänderungen bzw. Uminterpretationen durch die Rechtsprechung vielfach in Rechte des Beschuldigten eingreifen. Als Grundlage für die Bewertung einzelner Maßnahmen in den folgenden Teilen des Gutachtens (insbesondere Teile C–E) erscheint es daher hilfreich sich zu vergegenwärtigen, welche Rechtspositionen hier typischerweise betroffen sein können und wie diese grundrechtlich und auch konventionsrechtlich abgesichert sind. Dabei kann sinnvollerweise zwischen Rechten im erstinstanzlichen Verfahren und in der Rechtsmittelinstanz (insbesondere in der Revision)[55] unterschieden werden:

1. Mögliche Rechtsverletzung und Beeinträchtigung im erstinstanzlichen Verfahren

a) Beschleunigende und zugleich beschuldigtenrechtsverkürzende Änderungen im *Ermittlungsverfahren* sind vergleichsweise schwieriger vorstellbar. Selbstverständlich wird auch dort, und zwar im Ein-

[54] Daneben könnte man auch noch auf die konkrete Handhabung des Strafverfahrensrechts durch die Verfahrensbeteiligten abstellen, was zur unten mehrfach aufzugreifenden „Missbrauchsfrage" führt.

[55] Demgegenüber wird die Bewertung in der – im Folgenden im wesentlichen ausgesparten – Berufungsinstanz als zweiter Tatsacheninstanz insoweit vergleichbar mit der ersten Instanz verlaufen.

zelfall in durchaus massiver Weise, in die Grundrechte des Beschuldigten eingegriffen. Indes sind hier seine Verteidigungsrechte schon *de lege lata* nur relativ schwach ausgeprägt, bzw. der Beschuldigte ist vielfach zumindest zunächst einmal nur ein *Objekt* einzelner Zwangsmaßnahmen (Durchsuchung, Beschlagnahme, Überwachung der Telekommunikation u. ä.). Ein verfahrensbeschleunigender Effekt durch weitere Rechtsverkürzungen ist hier daher schwer vorstellbar. Eine Entlastung und damit jedenfalls partielle Beschleunigung wäre allenfalls denkbar, soweit die Anordnungsbefugnisse für Zwangsmaßnahmen verlagert oder aber die Kontrollmöglichkeiten (direkt oder analog nach § 98 II 2 bzw. vergleichbare Vorschriften einer- und über die Beschwerde andererseits) zurückgeschnitten würden. Aufgrund der auch vom Verfassungsgericht immer wieder betonten Bedeutung des Richtervorbehaltes[56] und der zumindest in bestimmten Konstellationen durch Art. 19 IV GG zwingend verbürgten Kontrollmöglichkeit durch den Richter[57] ist damit aber eher nicht zu rechnen bzw. wäre der bloße Hinweis auf die Beschleunigung aufgrund mangelnder Ressourcen innerhalb der Justiz kaum geeignet, derartige Maßnahmen zu rechtfertigen.

Im Übrigen ist die Stellung des Beschuldigten im Ermittlungsverfahren vielfach weniger durch Teilhabe- als durch bloße Abwehrrechte, insbesondere durch das Aussageverweigerungsrecht geprägt. Hier könnte also eine Beschleunigung des Verfahrens – theoretisch – durch die Statuierung von durchsetzbaren Mitwirkungspflichten oder aber durch den Verzicht auf Belehrungsanforderungen (etwa in § 136 I 2) in der Hoffnung erreicht werden, der Beschuldigte werde dieses Abwehrrecht dann nicht geltend machen. Beides erscheint aufgrund der hervorgehobenen Bedeutung des Nemo-tenetur-Grundsatzes[58] sowie mit Blick auf die Rolle, welche § 136 von der höchstrichterlichen Rechtsprechung zugewiesen wird, nicht ernsthaft vorstellbar. Eine gewisse Ausnahme bilden insoweit nur die Anwesenheitsrechte des § 168c bei der Vernehmung anderer Verfahrensbeteiligter. Würden hier Anwesenheitsrechte bzw. korrespondie-

---

[56] Vgl. nur BVerfGE 96, 27, sowie aus der aktuellen Diskussion zu § 81a BVerfG NJW 2007, 1345 und NJW 2008, 3053; OLG Dresden NStZ 2009, 526; OLG Celle NJW 2009, 3524; KG NJW 2009, 3527.

[57] Soweit die Anordnung nicht durch den Richter getroffen worden ist, ist eine einmalige Überprüfung durch den Richter grundsätzlich durch Art. 19 IV GG zwingend vorgeschrieben. Soweit es dagegen um die Überprüfung richterlicher Anordnungen durch die Beschwerde geht, gewährt zwar Art. 19 IV GG nach h. M. grundsätzlich nur den „Rechtsschutz durch, nicht den Rechtsschutz gegen den Richter", daneben aber auch eine effektive Ausgestaltung der vorhandenen Rechtsmittel.

[58] Zum nemo-tenetur-Grundsatz ausführlich etwa *Bosch*, nemo-tenetur-Prinzip, passim, sowie *Verrel*, Selbstbelastungsfreiheit, passim; zur konventionsrechtlichen Fundierung des Grundsatzes vgl. *Gaede*, Fairness, S. 312 ff.

rende Benachrichtigungspflichten gegenüber dem gegenwärtigen Stand zurückgeschnitten, so wäre diese Maßnahme jedenfalls an Rechtsstaatsprinzip und Menschenwürde als Grundlage des Anspruchs auf ein faires Verfahren zu messen, der auch ein Recht auf materielle Beweisteilhabe, also auch Zugang zu den Quellen der Sachverhaltsfeststellung enthält.[59]

b) In der *Hauptverhandlung* könnte eine Beschleunigung in einer rechtsverkürzenden Weise insbesondere dadurch erreicht werden, dass bestimmte Verfahrensrechte beschränkt werden. Zentral sind hier das Fragerecht (§ 240), das Recht zur Abgabe von Erklärungen (§ 257) sowie insbesondere das Beweisantragsrecht (§§ 244ff.). Neben diversen sachlichen oder zeitlichen Einschränkungen dieser Rechte[60] sind Beschleunigungen vorstellbar, die auf einer generellen Umgestaltung der Struktur der strafprozessualen Hauptverhandlung beruhen, also etwa durch einer Einschränkung des Mündlichkeits- und insbesondere auch des Unmittelbarkeitsgrundsatzes.

c) Insbesondere die genannten Einschränkungsmöglichkeiten in der Hauptverhandlung berühren – mehr oder weniger intensiv – zentrale Verfahrensgrundrechte. Diese Grundrechte sind zum einen – sei es einzeln, sei es im Wege einer Gesamtbetrachtung[61] – in Art. 6 EMRK verankert, der als Auslegungshilfe und als bekräftigende Ausformung des grundgesetzlichen Rechtsstaatsprinzips[62] auch für die Beurteilung nach nationalem Verfassungsrecht von Bedeutung ist. Dabei können sich dann aus Art. 6 EMRK außer dem expliziten Recht, „Fragen an Belastungszeugen zu stellen oder stellen zu lassen" (vgl. Art. 6 IIId EMRK) auch etwa Konsequenzen für das Beweisrecht[63] ergeben. Aus nationalverfassungsrechtlicher Sicht ist hier zentral an den Anspruch auf rechtliches Gehör gem. Art. 103 I GG zu denken,[64] dessen Einschlägigkeit für Erklärungen (etwa nach § 257)[65] sowie Beweisanträge[66] auf der Hand liegt, der aber aufgrund

---

[59] Vgl. BVerfG NJW 2007, 204, 205, freilich zugleich mit dem expliziten Hinweis darauf, dass unter diesem Blickwinkel nicht zu beanstanden ist, dass nach der Konzeption der StPO kein Anwesenheitsrecht bei der Vernehmung eines Mitbeschuldigten besteht.

[60] Vgl. dazu auch nochmals unten S. 87f.

[61] Zur entwicklungsoffenen Auslegung der EMRK und damit auch zum Verständnis der Verfahrensfairness als umfassender, über die Einzelgewährleistungen hinausgehender Teilhabeanspruch vgl. *Gaede,* Fairness, insbesondere S. 113f., 369ff., 383ff., 428ff.

[62] Vgl. BVerfGK 4, 72, 75; BVerfG NJW 2007, 204, 205.

[63] Vgl. *Gaede*, Fairness, S. 319ff., 431ff., 628.

[64] Zur konventionsrechtlichen Verbürgung als Anspruch auf rechtliches Gehör vgl. nochmals *Gaede*, Fairness, S. 301ff.

[65] Vgl. KK-*Diemer*, § 257 Rn. 1.

[66] Vgl. BVerfG NJW 1978, 413; KK-*Fischer*, § 244 Rn. 67; eingehend *Jahn*, Hassemer-FS, S. 1005, 1010ff.

des gestuften Verständnisses des rechtlichen Gehörs[67] auch für das Fragerecht von Bedeutung sein kann.

2. Mögliche Rechtsverletzung und Beeinträchtigung im Rechtsmittelverfahren

a) Das Rechtsmittelrecht bietet naturgemäß ein beachtliches Beschleunigungspotential, da mit der Erfolglosigkeit von Rechtsmitteln die Gesamtverfahrensdauer erheblich verkürzt wird. Etwaige Einschränkungen des Rechtsmittelrechts gegenüber dem bisherigen *status quo* können freilich allenfalls mit Blick auf die ressourcenschonende/verfahrensökonomische, nicht jedoch mit Blick auf die beschuldigtenschützende Dimension des Beschleunigungsgrundsatzes diskutiert werden. Die Frage nach Sinn oder Unsinn einer Reform des strafrechtlichen Instanzenzuges[68] kann hier auch nicht ansatzweise erörtert und soll daher gar nicht aufgeworfen werden. Vielmehr genügt festzuhalten, dass theoretisch ein Beschleunigungspotential erschlossen werden könnte.

b) Weniger radikal als eine generelle Reform des Rechtsmittelrechts wären – gesetzliche, insbesondere aber durch die Zulässigkeitsanforderungen von Seiten der Rechtsprechung gesteuerte[69] – Zugangserschwernisse zu einem erfolgreichen Rechtsmittel. Hier wäre denkbar, bestimmte Geschehnisse aus der ersten Instanz nicht mehr als zulässigen Rügegegenstand anzuerkennen, die Begründungsanforderungen für eine zulässige Rüge (wie dies mitunter für die Verfahrensrüge konstatiert wird) auf ein *in praxi* nur schwer erreichbares Maß anzuheben oder aber die Beweismöglichkeiten für ein erfolgreiches Rechtsmittel (wie etwa durch die Zulassung der Rügeverkümmerung in der neueren Rechtsprechung)[70] zu reduzieren. Auch all diese Maßnahmen bergen ein Beschleunigungspotential, wenn über ein Rechtsmittel entweder gar nicht mehr in der Sache entschieden werden muss oder aber der naturgemäß verfahrensverlängerte Erfolg eines Rechtsmittels immer unwahrscheinlicher wird.[71]

---

[67] Vgl. m. w. N. nur *Christensen/Kudlich*, Gesetzesbindung, S. 188 ff.

[68] Vgl. nur *Laufhütte,* NStZ 2000, 449 ff.

[69] Vgl. nur die Darstellung bei MAH/Strafverteidigung-*Dahs*, § 12 Rn 73 ff.

[70] Vgl. nochmals BGHSt 51, 298 sowie BVerfGE 122, 248.

[71] Vgl. zur ohnehin geringen Erfolgsquote von Revisionen – und insbesondere von im vorliegenden Zusammenhang besonders interessierenden Verfahrensrügen durch die Verteidigung – noch immer eindrucksvoll *Nack*, NStZ 1997, 153 ff. Die Zahlen dürften auch mehr als zehn Jahre nach dieser Untersuchung so beschaffen sein, dass die Grundaussage der geringen Erfolgsquote im Allgemeinen und der Verfahrensrüge im Besonderen nach wie vor zutrifft.

c) Hinsichtlich der durch solche Maßnahmen potentiell beeinträchtigten Rechtspositionen des Beschuldigten ist – neben dem einfachgesetzlich letztlich aus § 337 abzuleitenden Recht, dass ergebnisrelevante Fehler zur Aufhebung einer Verurteilung führen – zum einen auf Art. 19 IV GG hinzuweisen. Dieser soll zwar keinen Rechtsschutz gegen den Richter garantieren, wird vom Verfassungsgericht jedoch so verstanden, dass etwaige vorhandene Rechtsmittel effektiv ausgestaltet sein müssen und nicht faktisch leer laufen dürfen.[72] Zum anderen kann aber der Ausgestaltung des Rechtsmittelverfahrens auch Bedeutung für Art. 6 EMRK zukommen. Nach der Rechtsprechung des EGMR sind die Vertragsstaaten zwar grundsätzlich in der Ausgestaltung ihres Rechtsmittelsystems frei; gleichwohl sieht der EGMR das „Strafverfahren" als eine Einheit an, die erst mit der letztinstanzlichen Entscheidung über die strafrechtliche Anklage endet, so dass auch die Ausgestaltung des Rechtsmittels mittelbar für Art. 6 EMRK relevant ist. Denn umso „verfahrensrechteeffektuierender" das Rechtsmittelrecht ausgestaltet ist, desto eher werden Einschränkungen dieser Verfahrensrechte in der ersten Instanz *sub specie* Art. 6 EMRK akzeptabel sein bzw. umgekehrt.[73]

Gerade soweit es nicht um gesetzliche Umgestaltungen des Rechtsmittelrechts, sondern nur um die Feinjustierung durch die Revisionsgerichte geht, erscheint in diesem Zusammenhang noch ein Hinweis wichtig: Selbstverständlich wird nicht jede Erschwernis der Rechtsmittelberechtigung in der konkreten Normauslegung sofort zu einer Verletzung von Art. 19 IV GG bzw. Art. 6 EMRK führen. Freilich sind auch jenseits einer „harten" Verfassungs- bzw. Konventionswidrigkeit die Wertentscheidungen des GG bzw. der EMRK im Rahmen einer gleichsam grundrechtsorientierten Auslegung[74] zu berücksichtigen. Bei der Entscheidung über zwei Auslegungsvarianten ist daher die bessere Berücksichtigung von Art. 19 IV GG bzw. Art. 6 EMRK auch schon diesseits eines Verstoßes gegen die Vorschriften auf der „Habenseite" zu verbuchen. Dies ergibt sich auch für die Tätigkeit der Rechtsprechung (nicht nur des Gesetzgebers) mit Blick auf die Grundrechte des Grundgesetzes schon aus der umfassenden, auch die Judikative bindenden Grundrechtsbindungen nach Art. 1 III GG, für den Prüfungsmaßstab der EMRK aus dem Umstand, dass der EGMR gerade auch die praktischen Verwirkli-

---

[72] Vgl. nur BVerfGE 96, 44, 50.

[73] Vgl. zum ganzen auch mit zahlreichen weiteren Nachweisen *Gaede*, Fairness, S. 436ff.

[74] Vgl. hierzu und insbesondere zum oft vernachlässigten, aber wichtigen Unterschied zwischen einer grundrechtsorientierten und einer verfassungskonformen Auslegung i.e.S. *Kudlich*, JZ 2003, 127ff.

chungsbedingungen in den Schutzbereich der garantierten Konventionsrechte mit einbezieht.[75]

3. Fazit

Als Beschuldigtenrechte, die durch (realistischerweise denkbare)[76] verfahrensbeschleunigende Maßnahmen beeinträchtigt werden könnten, ist im erstinstanzlichen Verfahren vorrangig an Art. 103 I und im Rechtsmittelverfahren an Art. 19 IV GG zu denken. Darüber hinaus wird eine effektive Teilhabe aber im Grundsatz auch durch das Rechtsstaatsprinzip in Verbindung mit der Menschenwürde bzw. dem allgemeinen Persönlichkeitsrecht als subjektives Recht auf ein faires Verfahren gewährt, welches die Garantien des Art. 6 EMRK im Grundsatz einschließt und auch verfassungsrechtlich absichert. Art. 6 EMRK kommt jedoch nicht nur Bedeutung als Grundrechtskonkretisierung, sondern auch aufgrund der völkerrechtlichen Verpflichtung der Bundesrepublik Bedeutung zu.

Auch wenn die gegenwärtige Ausgestaltung des Strafverfahrensrechts kaum den verfassungs- und konventionsrechtlichen Minimalstandard darstellt, macht diese breite Absicherung der strafprozessualen Teilhabebefugnisse des Beschuldigten doch deutlich, dass es sich um keine freie Verfügungsmasse von Gesetzgeber und Gerichten handelt. Vielmehr sind zumindest (!) die Anforderungen des Verhältnismäßigkeitsgrundsatzes zu berücksichtigen. Für die hierbei vorzunehmende Abwägung können nur schwer generelle Regeln aufgestellt werden. Als allgemeines methodisches Erfordernis einer solchen Abwägung lässt sich aber zweierlei gewiss festhalten: Zum einen ist bei der Gegenüberstellung der betroffenen Rechtspositionen (welche hier einmal ganz pauschal mit Funktionstüchtigkeit der Strafrechtspflege auf der einen und Beschuldigtenrechten auf der anderen Seite beschrieben werden könnten) nicht etwa nur nach einem letztlich kaum plausibel zu bestimmenden „generellen Vorrang" zu fragen, sondern auf die konkrete Betroffenheit der Rechtspositionen zu blicken; hier ist insbesondere von Bedeutung, wie schwer und nachhaltig die Rechtsposition betroffen ist und ob der Eingriff gleichsam in ihr Zentrum oder nur in ihre Peripherie erfolgt. Zum anderen ist im Falle der Beschneidung einer Rechtsposition stets zu

---

[75] Vgl. näher und mit weiteren Nachweise *Gaede*, Fairness, S. 116ff.

[76] Im Einzelfall verfahrensbeschleunigend mag auch die Zulassung eines allgemeinen Folterrechts sein, das evident in Art. 1, 1 II, 1, 2 II GG eingreift – über derartige Konstrukte muss hier aber nicht nachgedacht werden, da sie jedenfalls nicht im Zusammenhang mit der Beschleunigungsdiskussion ernsthaft erörtert werden.

fragen, ob dieser Rechtsverlust zumindest teilweise kompensiert werden kann.[77]

[77] Vgl. hierzu – ungeachtet des dogmatisch unterschiedlichen „Aufhängers“ – auch aus konventionsrechtlicher Sicht *Gaede*, Fairness, S. 688ff., 728ff. sowie (für eine Spezialkonstellation) 839ff.

C. Verständigung im Strafverfahren

„Verständigung"/Absprachen/Deals im Strafverfahren ist bzw. sind seit mehr als einem Vierteljahrhundert – und seit rund 20 Jahren nicht zuletzt wegen des grundlegenden Juristentagsgutachtens von *Schünemann* – Gegenstand kontroverser Diskussionen und haben in den letzten Jahren auch die höchstrichterliche Rechtsprechung immer wieder beschäftigt. Die letzte regelrechte Flutwelle an Veröffentlichungen wurde durch die Diskussionen vor und die Stellungnahmen nach dem Inkrafttreten des „Gesetzes zur Regelung der Verständigung im Strafverfahren"[78] ausgelöst. Diese Diskussion – zumal als Teil eines übergreifend angelegten Gutachtens – umfassend darstellen und erörtern zu wollen, wäre ein auswegsloses Unterfangen. Insofern kann das Gutachten keine „Großkommentierung"[79] zu den durch das Gesetz zur Regelung der Verständigung im Strafverfahren neu in die StPO eingeführten Vorschriften liefern und muss mittlerweile auch keinen (flächendeckenden) einleitenden Überblicksbeitrag[80] mehr liefern. Vielmehr kann es nur darum gehen, wichtige Entwicklungslinien der Diskussion noch einmal nachzuzeichnen und sich mit Grundproblemen insbesondere auch der Neuregelung auseinanderzusetzen, nicht zuletzt auch zur Frage, ob eine etwaige Verfahrensbeschleunigung zu einem zu hohen Preis erkauft worden ist und welche Gefahren für die Rechte des Beschuldigten

---

[78] Vgl. BGBl. 2009 I, S. 2353.

[79] Zum Zeitpunkt der Erstellung des Manuskripts lag das „Ergänzungsheft" (EH) zum Gesetz zur Regelung der Verständigung im Strafverfahren in der 52. Aufl. des StPO-Kommentars von *Meyer-Goßner* vor; ferner war mir im Entwurfstadium die Kommentierung des § 257c im KMR von *von Heintschel-Heinegg* zugänglich, wofür dem Verfasser auch an dieser Stelle herzlich gedankt sei. In der Schlussphase der Arbeit am Manuskript wurde mir ferner das umfangreiche Werk von *Niemöller/Schlothauer/Weider* vorab zugängliche gemacht, wofür ich Autoren und Verlag, insbesondere Herrn Prof. Schlothauer zu Dank verpflichtet bin. In der Korrekturphase sind weitere Kommentierungen erschienen, welche hier nicht einzeln erwähnt werden können, sich aber in den Fußnoten in Abschnitt C wieder finden.

[80] Aus dem Feld solcher einleitenden Überblicksaufsätze lagen mir zum Zeitpunkt der Erstellung der einschlägigen Manuskriptpassagen (teils ihrerseits im Manuskriptstadium) insbesondere die Beiträge von *Jahn/Müller*, NJW 2009, 2625 ff.; *Bittmann*, wistra 2009, 414 ff., sowie *Schlothauer/Weider*, StV 2009, 600 ff. vor. Hier sind in der Schlussphase der Manuskriptbearbeitung bzw. in der Korrekturphase naturgemäß noch zahlreiche weitere Beiträge hinzugekommen, welche hier nicht einzeln erwähnt werden können, sich aber in den Fußnoten in Abschnitt C wieder finden.

bzw. welche Kollateralschäden für die Strafverfahrenskultur überhaupt[81] drohen.

I. Grundlagen und Beschleunigungspotential

1. Konsens, Beschleunigung und Risiken

a) Eine tatsächlich beschleunigende Wirkung und auch die auf eine Beschleunigung gerichtete Intension von (v.a. verfahrensbeendenden) Absprachen ist evident[82] und kann hier auch ohne eigene empirische Vergleichdaten[83] unterstellt werden. Nicht nur der Große Strafsenat[84] betont bekanntlich, dass ohne einen bestimmten Anteil an „abgesprochenen" Verfahren der Kollaps der Strafrechtspflege drohen würde.[85] Arbeitsentlastung und Verfahrensbeschleunigung dürften jedenfalls für die Strafverfolgungsbehörden überhaupt der wesentliche Anreiz dafür sein, dem Gedanken an eine Absprache näher zu treten. Dies ist auch spontan und unmittelbar einsichtig, da der zeitliche Umfang eines Verfahrens (insbesondere in der Hauptverhandlung) gerade durch diejenigen Aktivitäten anwächst, auf die nach einer Absprache mehr oder weniger weitgehend verzichtet wird – und dies nicht nur für Fälle sog. „Konfliktverteidigung", sondern auch verglichen mit einer ganz ruhig und sachlich, aber eben letztlich „dezidiert streitig" durchgeführten Beweisaufnahme.

Auf den ersten Blick haben dabei Absprachen *sub specie* „Beschleunigungsgrundsatz" den bestechenden Charme, beide Dimensionen (vgl. oben S. 8ff.) in gleicher Weise zu erfassen: Die „verfahrensökonomische Dimension" ist für die Strafverfolgungsbehörden gerade das wesentliche Motiv, Absprachen zu treffen; aber auch für den Beschuldigten mögen die Beschleunigung des Verfahrens und

[81] Die Gefahr eines solchen Niedergangs beschwört eindringlich etwa *Schünemann*, ZRP 2009, 104ff. herauf.

[82] Vgl. auch *Hettinger*, Müller-FS, S. 261, 269.

[83] Vgl. zu solchen empirischen Daten zu den Absprachen generell *Altenhain* et al., Absprachen, passim, sowie *Schöch*, Urteilsabsprachen, passim.

[84] Vgl. BGHSt 50, 40, 54.

[85] Entsprechende Äußerungen in der Literatur sind Legion. Zur praktischen Einschätzung in einer empirischen Untersuchung („unverzichtbares Instrument zur Bewältigung von Wirtschaftsstrafverfahren") vgl. *Altenhain* et al., Absprachen, S. 75f. Für die Kritiker an dieser mitunter fatalistisch wirkenden Sichtweise aus jüngerer Zeit nur *Hettinger*, Müller-FS, S. 261, 269f.

damit die verkürzte Zeit der Belastung durch das Strafverfahren (und v. a. durch die öffentliche Hauptverhandlung) – neben anderen Vorteilen[86] – ein gewichtiger Vorteil eines abgesprochenen Verfahrens sein, dem zumindest *prima facie* wegen des Erfordernisses der eigenen Zustimmung zum abgesprochenen Vorgehen bzw. Ergebnis keine Rechtsbeeinträchtigungen gegenüberstehen. Jedenfalls zur Rechtslage vor dem Verständigungsgesetz[87] war indes Gemeingut, dass dem Angeklagten unbesehen seiner Zustimmung im Einzelfall gleichwohl Rechtsverluste drohen können[88] und dass eine Verständigung je nach Ausgestaltung mit zentralen Strukturprinzipien des Strafverfahrensrechts kollidieren kann.[89]

b) Als solche beschuldigtenschützende Institutionen, welche durch die Absprachen verletzt sein könnten, wurden insbesondere die Folgenden gezählt:[90]

- Soweit auf der Grundlage der Absprache eine Strafe auch ohne vollständigen bzw. herkömmlichen Schuldnachweis verhängt wird, könnte eine Kollision mit der Unschuldsvermutung vorliegen.[91] Ein solcher Verstoß ist zwar weniger evident, als man auf den ersten Blick meinen möchte, da nicht nur die Europäische Kommission für Menschenrechte schon vor über 30 Jahren das englische Guilty-Plea-System für mit der Unschuldsvermutung nicht unvereinbar angesehen hat,[92] sondern etwa auch im deutschen Recht bei der Einstellung gegen Auflage ohne vollständige Ausermittlung des Sachverhalts sanktioniert wird. Indes sind hier Einzelvergleiche zwischen systematisch ganz unterschiedlich gelagerten Rechtsordnungen von vorneherein nicht unproblema-

---

[86] In Einzelfall vielleicht sogar Vermeidung der Hauptverhandlung; „Kurzstreckentarif" (empirisch dazu *Streng*, Schwind-FS, S. 447 ff.) u. a.

[87] Die wenigen bisher (d.h. zum Stand der Fertigstellung des Manuskripts) vorliegenden Berichte aus der Praxis lassen erahnen, dass diese Sorgen durch die gesetzliche Regelung kaum flächendeckend abnehmen (und für die Übergangsphase durch neue Probleme ergänzt) werden.

[88] Vgl. zusammenfassend etwa *Schünemann*, Gutachten, S. 93 ff.; plastisch *Fahl*, ZStW 117 (2005), 605: „Die verfahrensbeendende ‚Absprache' (…) gerät in Konflikt mit so gut wie allen Verfahrensgrundsätzen des deutschen Strafprozesses".

[89] Vgl. auch *Hettinger*, Müller-FS, S. 261, 269: „Der evidente Vorteil (…) ist freilich nicht ohne Kosten zu haben."

[90] Nicht eingegangen wird an dieser Stelle auf das von *Schünemann*, Gutachten, S. 117 ff., aufgeworfene Problem der Ablehnung des an einer informellen Verständigung beteiligten Richters wegen Besorgnis der Befangenheit, da sich gegenüber dem Stand des Jahres 1990 jedenfalls in der obergerichtlichen Rechtsprechung eine klare Linie erkennen lässt, die Beteiligung an Absprachen jedenfalls per se nicht als Ablehnungsgrund genügen zu lassen.

[91] Vgl. hierzu sowie zum Folgenden nur näher *Schünemann*, Gutachten, S. 93 ff. m. w. N.

[92] Vgl. EKMR v. 23. 3. 1972, application no. 5076/71, sowie dazu *Eser*, ZStW 104 (1992), 361, 392 (dort Fn. 119).

tisch,[93] und hinsichtlich der Opportunitätsvorschriften nach deutschem Recht ist zumindest der Unterschied zwischen einer Sanktion im weiteren Sinn einer Einstellungsauflage und einer Verurteilung mit Schuldspruch zu beachten.[94] Darüber hinaus kann – wie insbesondere *Schünemann* in seinem Gutachten zum 58. DJT herausarbeitet[95] – nicht nur das Ergebnis, sondern auch die Art des Zustandekommens einer Absprache mit der Unschulds*vermutung* kollidieren. Soweit eine solche nämlich durch das Gericht initiiert wird, kann man sich auf den Standpunkt stellen, dass für den Beschuldigten eine Absprache überhaupt nur (gemessen am „materiell richtigen Verfahrensausgang") Sinn macht, wenn er schuldig, nicht jedoch wenn er unschuldig ist. Sowohl hinsichtlich der ausgesprochenen Sanktion als auch hinsichtlich dieses Zustandekommens stellt sich freilich die Frage, ob sich insoweit durch die gesetzliche Statuierung der Absprachen und insbesondere auch der Kontaktaufnahme durch das Gericht hieran etwas geändert hat.[96]

– Des Weiteren wurde in der Literatur mitunter ein Verstoß gegen § 136a (ggf. i.V.m. dem allgemeinen Grundsatz der Selbstbelastungsfreiheit)[97] gesehen.[98] Hier bestand bei informellen Absprachen ein Auslegungsproblem hinsichtlich des Begriffs des „Versprechens" eines gesetzlich nicht vorgesehenen Vorteils, soweit man für dieses eine bindende Zusage voraussetzt.[99] Dieses Argument freilich war seit jeher Zweifeln ausgesetzt, als es die „rechtlich bindende" Zusage eines gesetzeswidrigen Vorteils wohl gar nicht geben dürfte; außerdem hat der Streit durch die gesetzliche Statuierung der Verständigung an Bedeutung verloren (selbst wenn die gesetzliche Anerkennung der Absprachen nicht dazu führen dürfte, dass Absprachеergebnisse gleichsam automatisch, ohne nähere Analyse der Vereinbarkeit dieser Ergebnisse mit dem festge-

---

[93] Vgl. auch zur Entscheidung der EKMR nochmals *Eser*, ZStW 104 (1992), 361, 392 (dort Fn. 119), wonach die Kommission offenbar „systemimmanent für das britische Recht von der prinzipiellen Disponibilität der Unschuldsvermutung ausging".

[94] Zum Besonderen mit einem strafrechtlichen Schuldspruch verbundenen sozialethischen Unwerturteil vgl. nur BVerfGE 96, 245, 249; *Jescheck/Weigend*, AT, § 4 I 2.

[95] Vgl. *Schünemann*, Gutachten, S. 95 ff.

[96] Zur Bedeutung der Grenzen einer speziellen gesetzlichen Form des Schuldnachweises vgl. nochmals *Schünemann*, Gutachten, S. 94 f.

[97] Dass dieser Grundsatz hier freilich – soweit man § 136a für einschlägig hält – gar nicht zusätzlich benötigt wird, stellt *Schünemann*, Gutachten, S. 98 f., zutreffend fest.

[98] Vgl. *Dencker/Hamm*, Vergleich, S. 43 f.; *Seier*, JZ 1988, 683, 688. Zu denkbaren Rügen vgl. N/S/W-*Niemöller*, Teil A Rn. 10 sowie N/S/W-*Weider*, Teil C Rn. 28 ff.

[99] Vgl. nur *Meyer-Goßner*, § 136a Rn. 23; SK-StPO/*Rogall*, § 136a Rn. 65 m. w. N.

stellten Sachverhalt und dem materiellen Recht,[100] nicht mehr als „gesetzlich nicht vorgesehene Vorteile" angesehen werden können).

- Eher Auffangcharakter hat ein Abstellen auf einen denkbaren Verstoß gegen den fair-trial-Grundsatz,[101] der nach altem Recht insbesondere in der fehlenden Verbindlichkeit informeller Absprachen und der einseitigen Risikoverteilung gesehen wurde.[102] Diese ist – jedenfalls faktisch – durch die Rechtsprechung des BGH bereits beträchtlich verringert worden[103] und stellt sich nach der gesetzlichen Regelung der Verständigung ohnehin zumindest im Ausgangspunkt anders dar.

c) Als Strukturprinzipien der StPO, mit denen Verständigungen im Verfahren kollidieren könnten,[104] wurden insbesondere die Folgenden genannt:

- Die gewichtigsten Einwände gegen verfahrensbeendende Absprachen wurden aus der Amtsaufklärungspflicht (vgl. insbesondere § 244 II) abgeleitet. Zum einen ist hier jedenfalls im vermeintlichen Standardfall „Tausche Geständnis gegen Bewährung"[105] ein denkbarer Verstoß greifbar, und anders als etwa Mündlichkeits- oder Unmittelbarkeitsgrundsatz (vgl. dazu sogleich) ist die Instruktionsmaxime als Prozessprinzip auch unmittelbarer Ausfluss der Zielsetzung des Strafverfahrens, den wahren Sachverhalt zur Verwirklichung des materiellen Rechts und zur Erlangung eines gerechten und rechtsfriedenstiftenden Ergebnisses zu ermitteln.[106] Lässt man die Absprachen, die nach Schuldspruchreife getroffen werden, einmal außer Betracht, so hängt die Frage, wie viel von der Amtsermittlung noch übrig bleibt, maßgeblich davon ab, wie „qualifiziert" ein Geständnis sein muss – eine Frage, zu der sich auch der BGH in seiner Leitlinienentscheidung äußerte und die

[100] Ausführlich zu den drei potentiell problematischen Fallgruppen gesetzlich vorgesehener bzw. nicht vorgesehener Vorteile (Ausfüllung eines gesetzlich vorgesehenen Ermessensspielraums bzw. Einschlägigkeit spezieller Privilegierungsvorschriften – Teileinstellung zur Erlangung eines Geständnisses – Strafmilderung im Austausch für ein vom Angeklagten abzulegendes Geständnis) *Schünemann*, Gutachten, S. 100ff.

[101] Vgl. BGH NJW 1989, 2270, sowie eingehend *Beulke/Swoboda*, JZ 2005, 67ff.

[102] Vgl. BGH NJW 1989, 2270, 2271.

[103] Zu den Anforderungen des BGH, unter welchen Voraussetzungen von einer in einer Absprache zugesagten Strafobergrenze abgewichen werden darf, vgl. BGHSt 43, 195; 52, 165; BGH NJW 2003, 1404; NStZ 2005, 87; NStZ 2009, 562.

[104] Vgl. nur *Schünemann*, Gutachten, S. 80ff.

[105] Vgl. *Zierl*, AnwBl 1985, 505; zum „Tausch" als Charakteristikum von Absprachen auch *Weßlau*, ZStW 116 (2004), 150, 152.

[106] Zu den Zielen des Strafverfahrens vgl. nur HK-*Lemke*, Einl. Rn. 1ff.; LR-*Kühne*, Einl B Rn. 13ff., jew. m. w. N.

nach der neuen Rechtslage nichts von ihrer Bedeutung verloren hat (vgl. dazu auch S. 45ff.).

- Soweit eine Verständigung außerhalb der Hauptverhandlung stattfindet, drohen Kollisionen mit dem Unmittelbarkeits-, dem Mündlichkeits- und dem Öffentlichkeitsgrundsatz.[107] Die Rechtsprechung hat hierauf mit der Forderung reagiert (umgekehrt dann aber auch genügen lassen), die Absprachеergebnisse in der öffentlichen Hauptverhandlung mitzuteilen. Das ist ohne Zweifel pragmatisch, lässt aber außer Betracht, dass jedenfalls für die Kontrollfunktion des Öffentlichkeitsgrundsatzes nicht nur das Absprachеergebnis, sondern auch der Absprachevorgang von Bedeutung ist.[108] Für die nunmehrige gesetzliche Regel ist zu prüfen, inwiefern durch die ausdrückliche Statuierung der Absprachemöglichkeiten während der Hauptverhandlung in §§ 257b, 257c solche – in ihrem Ergebnis dann auch in die Hauptverhandlung eingebrachte – informelle Vorgespräche möglicherweise *e contrario* kritischer zu sehen sind als nach der bisherigen Gerichtspraxis. Ähnliche Überlegungen gelten auch für Kollisionen mit den Anwesenheitsrechten bzw. -pflichten der Verfahrensbeteiligten.
- Schließlich wurde eine Unvereinbarkeit mit dem Legalitätsprinzip postuliert, wenn aufgrund der Absprache zumindest teilweise eine Nichtverfolgung von bestimmten Taten erwirkt werden konnte.[109] Andererseits wird vom Absprachenkritiker *Schünemann* eingeräumt,[110] dass aus einer Makroperspektive die Absprachenpraxis nicht zu einer Schwächung, sondern sogar zu einer Stärkung des Legalitätsprinzips durch die Aufrechterhaltung der Funktionstüchtigkeit der Strafrechtspflege führt, da „die Stoßrichtung der informellen Absprachen (...) seitens der Justiz eindeutig dahin (gehe), dass kompossible Maximum an Sanktionierungsoutput herauszuholen".[111] Auch darüber hinaus spricht aber doch viel dafür, dass durch die gesetzliche Normierung der Absprachen diesem Vorwurf jedenfalls die „Spitze abgebrochen" wurde, da das Legalitätsprinzip *a priori* eine Verfolgung von Straftaten „nur" im gesetzlichen Rahmen fordern kann.

---

[107] Vgl. nur m. w. N. *Schünemann*, Gutachten, S. 84ff.
[108] Zutreffend *Schünemann*, Gutachten, S. 89.
[109] Vgl. *Dencker/Hamm*, Vergleich, S. 52f. mit Fn. 85; *Hassemer*, JuS 1989, 890, 892f.
[110] Vgl. *Schünemann*, Gutachten, S. 91ff.
[111] *Schünemann*, Gutachten, S. 93.

2. Formen der Verständigung und Themenfokussierung

Im Mittelpunkt insbesondere der wissenschaftlichen Diskussion um die Verständigung stehen Absprachen im Rahmen des Hauptverfahrens. Diese besonders spektakulären und „Legenden umwobenen Absprachen" bilden auch den Kern der Änderungen der StPO durch das Verständigungsgesetz. Neben – und gemessen an ihrer Häufigkeit gewiss noch vor – diesen Absprachen in der Hauptverhandlung ist jedoch auch an andere Bereiche zu denken, insbesondere die Einstellung nach Opportunitätsvorschriften sowie das Strafbefehlsverfahren. Beide Regelungsmaterien enthalten konsensuale Elemente: Die Opportunitätsvorschriften, soweit auch die Zustimmung des Beschuldigten Voraussetzung ist (vgl. § 153 a); das Strafbefehlsverfahren, da diesem eine verfahrensbeschleunigende Wirkung v. a. dann zukommt, wenn der Angeklagte keinen Einspruch einlegt (vgl. §§ 410, 411 I 2).[112] Da nach § 407 I 2 der Antrag auf Erlass des Strafbefehls nur gestellt werden soll, wenn die Hauptverhandlung „nicht für erforderlich erachtet" wird und davon jedenfalls dann keine Rede sein kann, wenn mit Sicherheit ein Einspruch zu erwarten ist, besteht auch hier ein Anknüpfungspunkt für ein konsensuales bzw. „in Absprache miteinander" erfolgendes Vorgehen.

Die große Bedeutung gerade dieser beiden Bereiche[113] erhellt, wenn man sich vor Augen führt, dass etwa im Jahr 2008 mehr staatsanwaltliche Ermittlungsverfahren durch Antrag auf Erlass eines Strafbefehls als durch Anklageerhebung eingestellt wurden und dass die Zahl der Einstellung nach Opportunitätsvorschriften insgesamt sogar über doppelt so hoch war wie diejenige der Anklageerhebungen.[114] Ein auch nur annähernd gleich großer Anteil an prägend abgesprochenen Hauptverhandlungen ist daneben also nicht mehr denkbar. Soll inso-

[112] Rein strukturell könnte auch beim Übergang in die Hauptverhandlung nach § 411 I 2 durch das Strafbefehlsverfahren eine Verfahrensbeschleunigung eintreten, da § 411 II 2 auf § 420 und damit insbesondere auf die Beschränkung des Beweisantragsrechts in § 420 IV verweist. Empirisch dürfte freilich der Beschleunigungsgewinn dadurch überschaubar sein, da in potentiell strafbefehlsgeeigneten Fällen die Ausübung des Beweisantragsrechts in der Hauptverhandlung regelmäßig ohnehin keine große Bedeutung hätte.

[113] Eindringlich dargestellt bei *Sauer*, Konsensuale Verfahrensweisen, insb. Rn. 123 ff.

[114] Vgl. Statistisches Bundesamt, Rechtspflege Staatsanwaltschaften, 2008, S. 26. Diese Zahlen bleiben im vorliegenden Rahmen selbst dann beeindruckend, wenn man berücksichtigt, dass die Einstellungen mit Auflage nur ca. 40% des Anteils der Anklageerhebungen ausmachen – zumal umgekehrt bei den Anklagen diejenigen zu Straf- und Jugendrichter, wo umfangreiche und spektakuläre „Deals" auch jeweils die Ausnahme bilden dürften, mit rund zwei Dritteln klar dominieren.

fern über die Strafprozessrechts*realität* gesprochen werden, müssten eigentlich die Rahmenbedingungen der §§ 153ff., 407ff. im Mittelpunkt stehen. Diese praktische Bedeutung wird hier nicht verkannt, sondern die vergleichweise Vernachlässigung der §§ 153ff., 407ff. ist dem Fokus des Gesetzes zu Regelung der Verständigung im Strafverfahren geschuldet, das hierzu keine Änderungen[115] gebracht hat.[116]

3. Historischer Abriss der Diskussion bis zum Gesetz zur Regelung der Verständigung im Strafverfahren

a) Eine ausführliche Darstellung der Entwicklung der Absprachediskussion vor dem Gesetz zur Regelung der Verständigung im Strafverfahren kann und muss hier nicht geleistet werden.[117] Allein die gröbsten Eckpfeiler seien kurz in Erinnerung zurückgerufen, soweit sie für die Auslegung der 2009 neu geschaffenen Vorschriften und für ihre rechtspolitische Bewertung von Interesse sind: Gut 130 Jahre nach Inkrafttreten der StPO am 1. 10. 1879 hat sich der Strafprozess von dem Modell einer Verurteilung und Bestrafung, die auf Wahrheit und Gerechtigkeit basieren, zumindest partiell entfernt.[118] Vielleicht schon seit den 60er, jedenfalls aber seit den 70er Jahren des 20. Jahrhunderts[119] hatte sich eine – zumindest später nicht nur Groß- und Wirtschaftsstrafverfahren erfassende[120] – Ab-

---

[115] Mit Blick auf die Beschränkung auf die Rechtsfolgen als Gegenstand der Verständigungen in § 257c II 1 könnte man sich die Frage nach dem Verhältnis zu den §§ 154, 154a stellen, die ja auch den Umfang des Schuldspruchs betreffen (was § 257c II 3 gerade explizit untersagt). Indes besteht Einigkeit darüber, dass beide Vorschriften auch nach der neuen Rechtslage angewendet werden dürfen, vgl. nur *Meyer-Goßner*, EH, § 160b Rn. 8; *Bittmann*, wistra 2009, 414, 415; im Ergebnis auch *Schlothauer/Weider*, StV 2009, 600, 602.

[116] Die Möglichkeiten eines „kommunikativen Ermittlungsverfahrens" werden erörtert bei *Satzger*, Gutachten, S. 95ff. Möglicherweise ein Anreiz für ein frühzeitiges, d.h. insbesondere vor Eröffnung der Hauptverhandlung (vgl. § 46b III StGB!) erfolgendes „Verhandeln" mit dem Gericht könnte auch durch die „Große Kronzeugenregelung" des am 1. 9. 2009 in Kraft getretenen § 46b StGB geschaffen worden sein, dessen Probleme freilich den vorliegenden Rahmen sprengen würden. Erwähnt sei insoweit nur, dass wegen des Ermessens des Gerichts dann schon vor dem zeitlichen Stadium des § 257c möglichst verbindlich abgeklärt werden muss, welche konkreten Zugeständnisse der Beschuldigte für seine Hilfe zu erwarten hat, vgl. BeckOK/StGB-*von Heintschel-Heinegg*, § 46b Rn. 22.

[117] Instruktiver Überblick bei N/S/W-*Niemöller*, Teil A Rn. 2ff., insb. 4f., 13ff. Vgl. auch *Murmann*, ZIS 2009, 526ff.

[118] Vgl. auch KMR-*von Heintschel-Heinegg*, § 257c Rn. 1: „Prozessuale Wahrheit wie Gerechtigkeit lassen sich nicht aushandeln, sondern nur suchen und finden".

[119] Vgl. KMR-*von Heintschel-Heinegg*, § 257c Rn. 2 unter Berufung auf BT-Drs. 16/12310, S. 7.

[120] Vgl. *Altenhain et al.*, Absprachen, S. 333ff. *Jahn/Müller*, NJW 2009, 2625; *M. Müller*, Probleme, S. 35ff.

sprachenpraxis entwickelt, die Anfang der 80er Jahre in der fachwissenschaftlichen Diskussion berichtet worden ist.[121] Obwohl das BVerfG Anfang 1987 eine Verständigung zwischen Gericht und Verfahrensbeteiligten außerhalb der Hauptverhandlung jedenfalls von Verfassungs wegen nicht grundsätzlich beanstandete,[122] blieb das Phänomen Absprachen weiterhin in hohem Maße umstritten und war 1990 Gegenstand des strafrechtlichen Gutachtens auf dem 58. Deutschen Juristentag.

b) Mangels gesetzlicher Regelung war nicht zuletzt der BGH bemüht, durch mehrere Leitentscheidungen den Tatgerichten Richtlinien an die Hand zu geben, an deren Praktikabilität und Realitätsnähe freilich nicht selten gezweifelt wurde.[123] Die Leitlinienentscheidung des 4. Strafsenats aus dem Jahre 1997[124] untersagt dabei mit Blick auf §§ 260 I, 261 die verbindliche Zusage zur Höhe der zu verhängenden Strafe, während die Verständigung auf eine Strafobergrenze nicht zu beanstanden sei. Ferner dürfe der „Boden schuldangemessenen Strafens" nicht verlassen und der Angeklagte nicht durch Drohung mit einer höheren Strafe zu einem Geständnis gedrängt werden. Des Weiteren werden Amtsaufklärungspflicht und Öffentlichkeitsgrundsatz betont sowie zuletzt das Versprechen eines Rechtsmittelverzichts als unzulässig erachtet.[125]

Dieser zuletzt genannte Aspekt führte später zur bekannten Entscheidung des Großen Strafsenats,[126] welcher den Gerichten im Rahmen einer Urteilsabsprache die Erörterung eines Rechtsmittelverzichts oder gar die Hinwirkung auf einen solchen untersagt und eine qualifizierte Belehrung des Angeklagten verlangt. Zugleich enthält die Entscheidung geradezu einen „Hilferuf" an den Gesetzgeber, die notwendig unvollkommenen Versuch der obergerichtlichen Rechtsprechung, Urteilsabsprachen ohne Bruch in das System des geltenden Strafverfahrensrechts einzupassen, zu unterstützen.[127]

---

[121] Vgl. *Schmidt-Hieber*, NJW 1982, 1017; *Deal* (= Weider), StV 1982, 545 ff.

[122] BVerfG NJW 1987, 2662.

[123] Vgl. nur (damals noch als Strafkammervorsitzender vor seiner Ernennung zum Bundesrichter) *Schmitt*, GA 2001, 411, 425 f. *Altenhain/Haimerl*, JZ 2010, 327, 328.

[124] Vgl. BGHSt 43, 195 m. Anm. *Weigend*, NStZ 1999, 57 ff.; *Kintzi*, JR 1998, 249 f.; *Satzger*, JA 1998, 98 ff.; vgl. dazu auch *Fahl/Geraats*, JA 2009, 791 ff.

[125] Vgl. BGHSt 43, 195, 204 ff. Krit. zur Regelung der Materie durch die Rechtsprechung etwa *Gössel*, Böttcher-FS, S. 79, 85 ff.

[126] Vgl. BGHSt 50, 40; aus der umfangreichen Literatur zu dieser Entscheidung und dem Problemkreis des Rechtsmittelverzichts vgl. nur *Fahl*, ZStW 117 (2005), 605 ff.

[127] Vgl. BGHSt 50, 40, 63 f:, krit. dazu *Fischer*, NStZ 2007, 433, 434.

c) Als Konsequenz daraus wurde nach einer längeren Phase deutlicher Zurückhaltung[128] das Problem aus verschiedenen Richtungen angegangen. Vorschläge wurden insoweit etwa[129] vom Strafrechtsausschuss der Bundesrechtsanwaltskammer,[130] in einem Eckpunktpapier der Generalstaatsanwältinnen und Generalstaatsanwälte aus November 2005, in einem Referentenentwurf des Bundesministeriums der Justiz aus Mai 2006[131] sowie in einem Gesetzesantrag des Landes Niedersachsens im Bundesrat aus März 2006[132] eingebracht.[133] Der Entwurf eines „Gesetzes zur Regelung der Verständigung im Strafverfahren" der Bundesregierung vom 23. 1. 2009[134] bzw. vom 18. 3. 2009[135] wurde vom der Bundestag Ende Mai 2009 beschlossen, unterschied sich jedoch von der Bundesratsinitiative in wesentlichen Punkten, insbesondere hinsichtlich der Notwendigkeit eines (qualifizierten) Geständnisses, der Bindung des Gerichts an die Urteilsabsprache, der Verwertung eines Geständnisses bei einem etwaigen Wegfall dieser Bindung, der Einbeziehung etwaiger Nebenkläger sowie schließlich hinsichtlich der Zulässigkeit von Rechtsmitteln gegen ein solches Urteil. Im weiteren Verlauf des Gesetzgebungsverfahrens kam es ferner zum Streit über eine in der Hauptverhandlung bestehende Pflicht zur Mitteilung von außerhalb der Hauptverhandlung stattgefundenen Erörterungen, über die Reichweite des Verbots der *reformatio in peius* bei der Anfechtung eines auf einer Verständigung beruhenden Urteils, über die Frage des Verbots eines Rechtsmittelverzichts sowie über die Möglichkeit, ein anderes Prozessverhalten des Angeklagten als das Geständnis zur Grundlage einer Verständigung zu machen. Entgegen der einige Zeit lang sehr realen Befürchtung, das Gesetzgebungsverfahren würde im Herbst 2009 der Diskontinuität zum Opfer fallen, verzichtete der Bundesrat schließlich darauf, den Vermittlungsausschuss anzurufen,[136] so dass das Gesetz schließlich am 3. 8. 2009 verkündet werden konnte.

---

[128] Vgl. aber das Eckpunktepapier zur Reform des Strafverfahrens aus April 2001, abgedr. etwa in StV 2001, 314, 316 mit der konkreten Umsetzung in § 257b I StPO-Diskussionsentwurfes 2004, abgedr. etwa in StV 2004, 233, der in dieser Form jedoch nicht weiter verfolgt wurde.

[129] Zu einem weiteren Vorschlag z. B. *Niemöller*, GA 2009, 172 ff.

[130] Teilweise abgedr. in ZRP 2005, 235, dazu *Landau/Bünger*, ZRP 2005, 268 ff.; *Meyer-Goßner*, StV 2006, 485 ff.

[131] Vgl. www.bmj.bund.de/media/archive/1234.pdf (zuletzt abgerufen am 14. 4. 2010).

[132] Vgl. BR-Drs. 235/06, S. 11 (dazu auch *Heister-Neumann*, ZRP 2006, 137 ff.) sowie dann als Gesetzesinitiative des Bundesrates BT-Drs. 16/4197.

[133] Vergleichende Darstellung dieser Vorschläge bei *Jahn/Müller*, JA 2006, 681 ff. sowie bei *Gieg*, GA 2007, 469 ff.

[134] Vgl. BT-Drs. 65/09.

[135] Vgl. BT-Drs. 16/12310.

[136] Vgl. Bundesrat – 806. Sitzung vom 10. 7. 2009, Sitzungsprotokolle, S. 303 ff.

II. Normativer Rahmen der Absprachen im Strafverfahren nach dem Gesetz zur Regelung der Verständigung im Strafverfahren

Um das Beschleunigungsinstrumentarium „Verständigung" in seinem Gesamtzusammenhang zu erfassen, sollen die durch das Verständigungsgesetz eingeführten gesetzlichen Neuerungen zumindest kurz im Zusammenhang dargestellt werden. Dabei kann (und muss) auch an dieser Stelle nur ein knapper Überblick gegeben werden, der zu einigen Punkten im Anschluss noch weiter vertieft wird. Der nachfolgende Überblick ordnet dabei die neuen bzw. geänderten Vorschriften in die drei Komplexe „Anerkenntnis der Verständigung als legitimes Prozesshandeln", „Voraussetzungen und Bindungswirkung einer Absprache" sowie „Absicherungs- und Nachprüfbarkeitsmechanismen" ein und deutet bei dieser Gelegenheit jeweils bereits knapp an, welchen Einwänden gegen die grundsätzliche Zulässigkeit von Absprachen und welchen Anliegen der Rechtsprechung[137] dadurch vom Gesetzgeber Rechnung getragen werden sollte.

1. Anerkenntnis der Verständigung als legitimes Prozessverhalten

Eine ebenso zentrale wie plakative Aussage einer ganzen Reihe von neu eingeführten Vorschriften besteht schlicht darin, dass die Existenz von Verständigungsakten als nicht *a priori* rechtlich ausgeschlossenes Verhalten anerkannt wird.[138] Dies ist schon evident in den Fällen der §§ 160b, 202a, 212 und 257b, noch deutlicher dann aber – da selbst bei böser Absicht nicht als nur „unverbindliche Plauderstunde" interpretierbar, sondern mit handfesten Folgen verbunden (vgl. insbesondere § 257 III 3, IV) – bei § 257c der Fall. Ebenfalls eine zumindest „flankierend anerkennende" Wirkung haben all die Vorschriften, in denen Erklärungen zum Vorliegen etwaiger Absprachen verlangt werden oder deren Protokollierung angeordnet wird (vgl. §§ 243 IV, § 267 III 5, 273 I 2 bzw. I a). Sicher anzunehmende Folge dieses grundsätzlichen Anerkenntnisses der Möglichkeit einer Verständigung sowie auch eines entsprechenden Initiativrechts des Gerichts wird sein, dass durch Mitwirkung an

---

[137] Vgl. oben S. 37.

[138] Im Ergebnis so auch für das Verständigungsgesetz überhaupt *Nack*, Stellungnahme, S. 1. Als Selbstverständlichkeit, für die Gericht und Verfahrensbeteiligten „keine Lizenz des Gesetzgebers" bedürften, erachtet derartige Regelungen *Niemöller*, GA 2009, 172, 174 f.

bzw. sogar auch durch die Anregung einer Absprache jedenfalls nicht *per se* die Besorgnis der Befangenheit (§ 25 I) begründet werden kann.[139]

Gewisse Auswirkungen dürften die Vorschriften – insbesondere die Mitteilungspflicht des neu geschaffenen § 243 IV – auch auf die Bewertung von Absprachen *sub specie* Mündlichkeits- und Öffentlichkeitsgrundsatz haben. Denn jedenfalls wenn die Erörterung mit „den Verfahrensbeteiligten" (und nicht etwa nur bilateral) erfolgt, ist nach der Wertung des § 243 IV gerade ausreichend, wenn der wesentliche Inhalt in der öffentlichen Hauptverhandlung mündlich verkündet wird. Anders gewendet könnte man auch formulieren: Gespräche, die nach §§ 160b, 202a oder 212 zulässigerweise außerhalb der (mündlichen und öffentlichen) Hauptverhandlung geführt werden, sind in ihrem „Echtzeitverlauf" offenbar auch gerade nichts, was nach dem Willen des Gesetzgebers gerade in dieser Hauptverhandlung stattfinden müsste; Gespräche nach §§ 257b, 257c innerhalb der Hauptverhandlung sind diesbezüglich ohnehin unproblematisch.

2. Voraussetzungen und Bindungswirkung einer Absprache nach § 257c

§ 257c als „Königsnorm"[140] ordnet an, unter welchen Voraussetzungen und mit welchen Grenzen eine „Verständigung" erfolgen kann und welche Bindungswirkung ihr zukommt:

a) Möglicher Gegenstand einer Verständigung sind nach § 257c II 1, 3 auf Seiten des Gerichts die verhängten Rechtsfolgen sowie sonstige verfahrensbezogene Maßnahmen, nicht dagegen der Schuldspruch[141] sowie Maßregeln der Besserung und Sicherung. Hinsichtlich der Rechtsfolgen können als Inhalt der Verständigung Strafober- und -untergrenzen genannt werden, die sich aus der „Würdigung aller Umstände des Falles sowie der allgemeinen Strafzumessungserwägungen" ergeben. Für die Feststellung jedenfalls des Schuldspruchs sowie auch der für die Verhängung der Maßregeln der Besserung und Sicherung erforderlichen Gefährlichkeitsprognose (möglicherweise

[139] Vgl. zu entsprechenden Rügen nach altem Recht N/S/W-*Niemöller*, Teil A Rn. 9 m. w. N.; ferner für bestimmte Fälle auch noch *Schünemann*, Gutachten, S. 117 ff. Im Einzelfall ist gewiss auch nach neuem Recht nicht ausgeschlossen, dass Umstände und Inhalt etwa der Initiative zu einer solchen Verständigung geeignet sind, die Besorgnis der Befangenheit zu begründen. Zwar wird man hier, da vom Gesetz über diese näheren Umstände keine Aussagen getroffen werden, einen weiten Ermessensspielraum anzunehmen haben; gleichwohl ist (ungeachtet der aus § 27 erwachsenden Schwierigkeiten) fraglich, ob der Gesetzgeber die Bekanntgabe eines Verständigungsvorschlags entsprechend dem Vorschlag von *Nack*, Stellungnahme, S. 2, in den Katalog des § 26a hätte einreihen sollen.

[140] Vgl. *Harms*, in: Jahn/Nack (Hrsg.), Wer regelt das Strafrecht?, S. 18.

[141] Dadurch nicht ausgeschlossen ist die Anwendung der §§ 154 II, 154a II, da diese als Fall der Verfahrenseinstellung bzw. des Absehens von Verfolgung das Urteil über die Schuld gerade unberührt lassen.

aber auch als Grundlage der „Würdigung aller Umstände des Falles" zur Bestimmung von Strafober- und Untergrenzen nach § 257 III 2) bleibt dabei die gerichtliche Aufklärungspflicht des § 244 II nach § 257c I 2 unberührt. Als Leistung des Angeklagten kommt grundsätzlich jedes prozessuale Verhalten (etwa in Gestalt des Verzichts auf bestimmte Anträge) in Betracht. Wesentlicher Verständigungsgegenstand aber wird (und „soll" nach § 257c II 2 auch) ein Geständnis[142] sein. Etwas anderes kann (und muss auch) gelten, wenn es sich um keine verfahrensbeendende Verständigung handelt.[143]

Die Regelung, dass der Schuldspruch nicht zum Gegenstand einer Verständigung gemacht werden darf, mildert in der Theorie den Vorwurf eines Verstoßes gegen die Instruktionsmaxime (da für den Schuldspruch eine hinreichende Aufklärung unverzichtbar ist) sowie den allgemeinen Hinweis auf die Gefahr eines „Handelns mit der Gerechtigkeit" erheblich ab. Dies gilt im Übrigen auch für die einen tauglichen Gegenstand der Verständigung bildende Rechtsfolge insoweit, als die Verpflichtung des Gerichts, die Ober- und Untergrenzen unter Berücksichtigung aller Umstände des Falles sowie der anerkannten Strafzumessungskriterien vorzuschlagen, die Gefahr einer nicht schuldangemessen niedrigen Strafe (wiederum: theoretisch) beseitigt. Werden tatsächlich alle Umstände des Falles sowie die anerkannten Strafzumessungsregeln berücksichtigt, wird jedenfalls auch die in Aussicht gestellte Strafe bzw. Strafobergrenze kein gesetzlich nicht vorgesehener Vorteil i. S. d. § 136a sein.

b) Im Gegenschluss zu § 257c IV ist das Gericht an seine Zusage gebunden, solange nicht „rechtlich oder tatsächlich bedeutsame Umstände übersehen worden sind oder sich neu ergeben haben und das Gericht deswegen zu der Überzeugung gelangt ist, dass der in Aussicht gestellte Strafrahmen nicht mehr tat- oder schuldangemessen ist" bzw. wenn nicht das Prozessverhalten des Angeklagten dem vom Gericht prognostizierten Verhalten widerspricht. Entfällt die Bindung, darf jedoch das Geständnis des Angeklagten nach § 257c IV 2 nicht verwendet werden, worüber dieser nach Abs. 5 der Vorschrift ebenso wie über die Voraussetzungen einer Abweichung des Gerichts zu belehren ist.

Mit dieser mehr oder weniger weit reichenden,[144] aber doch zumindest immerhin existierenden und erst einmal argumentativ zu überwindenden Bindungswirkung

---

[142] Zu den an dieses zu stellenden Anforderungen vgl. u. S. 45ff.

[143] Denkbar ist dies etwa, wenn in einem umfangreichen Verfahren der Tatsachenstoff weitgehend unstreitig, die rechtliche Bewertung aber schwierig und zwischen Staatsanwaltschaft und Verteidigung umstritten ist (etwa hinsichtlich der schadenskompensierenden Wirkung von unstreitig als Folge einer präsumtiven Untreuehandlung dem Treuegeber letztlich zugeflossenen Vermögensvorteilen). Hier könnte die Verteidigung darauf verzichten, eine umfangreiche Beweisaufnahme zu Art und Größenordnung der zugeflossenen Vermögensvorteile durchführen zu lassen, wenn das Gericht signalisiert, dass es auch von einem solchen Vermögenszufluss ausgeht (und sich nur noch nicht festlegen möchte, ob es diesen letztlich im tatbestandlichen Sinne schadenskompensierend oder aber nur auf Strafzumessungsebene für relevant hält).

[144] Zur Frage, ob diese Bindungswirkung ausreichend ist, vgl. näher unten S. 52ff.

sowie mit der durch das Verwertungsverbot zugunsten des Angeklagten erfolgten „Risikoverteilung“ bei fehlgeschlagenen Absprachen wird dem wesentlichen Inhalt des Vorwurfes eines Verstoßes gegen den fair-trial-Grundsatz entgegengetreten, der eigenständig bei den nicht-geregelten informellen Absprachen insbesondere insoweit Bedeutung hatte, als keine hinreichend klare Absicherung für den kraft Natur der Sache „vorleistungspflichtigen“ Angeklagten bestanden hatte.

3. Absicherungs- und Nachprüfbarkeitsmechanismen

Die Einhaltung der Voraussetzungen des § 257c und auch die Unbedenklichkeit der Inhalte sonstiger Erörterungen hat der Gesetzgeber durch eine ganze Reihe von Publizitäts- und Dokumentationspflichten sowie durch eine uneingeschränkte rechtsmittelgerichtliche Überprüfung zu sichern gesucht:

- So dienen die jeweils neu eingefügten Vorschriften des § 243 IV (Mitteilungspflicht über Absprachen vor Beginn der Hauptverhandlung) und § 267 III 5 (Angabe einer etwaigen Verständigung in den Urteilsgründen) nicht nur einem allgemeinen „Schutz vor Mauschelei“, sondern auch den Interessen der Gerichtsöffentlichkeit, die jedenfalls über § 243 IV über etwaige nicht-öffentlich erfolgte Gespräche informiert wird.
- § 273 I 2 bzw. § 273 Ia enthalten eine Protokollierungspflicht für Erörterungen nach § 257b im Rahmen der Hauptverhandlung sowie insbesondere auch für das Ergebnis einer erfolgten Verständigung nach § 257c. Dies dient nicht nur einer „justizinternen“ Publizität und Möglichkeit einer Selbstreflexion des durchgeführten Vorgehens, sondern ganz zentral auch der Absicherung einer ausdrücklich erwünschten Möglichkeit einer rechtsmittelgerichtlichen Überprüfung.
- Zur im Vorfeld intensiv und kontrovers diskutierten Frage nach der Zulässigkeit eines Rechtsmittelverzichts hat der Gesetzgeber mit § 302 I 2 eine klare und insoweit kompromisslose Antwort geliefert. Diese wird durch die qualifizierte Belehrungspflicht im neuen § 35a S. 3 flankiert, die insoweit verhindern soll, dass die fehlende Möglichkeit eines Rechtsmittelverzichts durch eine aus Unwissenheit erfolgendes Verstreichenlassen der Rechtsmittelfrist kontakariert wird.

III. Vertiefende Würdigung ausgewählter Problemkreise

In dem bereits oben beschriebenen Sinne, dass die Beschäftigung mit der Verständigung hier auf den Beschleunigungsaspekt fokussiert erfolgen muss, ohne dass deswegen eine kritische Überprüfung von (isoliert betrachtet) ohne Zweifel beschleunigenden Maßnahmen auf ihre Systemstimmigkeit sowie auf eine etwa drohende Beschneidung von Beschuldigtenrechten verzichtet werden kann, werden im folgenden Abschnitt zunächst der Anwendungsbereich und wichtige Voraussetzungen einer Verständigung im Strafverfahren (dazu sogleich 1.) sowie im Anschluss die aus einer solchen Beschleunigung erwachsenden Folgen (im Instanzverfahren selbst sowie auch für das Rechtsmittelrecht, vgl. dazu im Anschluss 2.) untersucht. Dabei geht es jeweils vorrangig um die Bewertung der Regelung *de lege lata*; systemtranszendente, rechtspolitische Überlegungen werden in diesen beiden Abschnitten daher vorrangig nur insoweit eine Rolle spielen, als sie für die Auslegung des neuen Regelwerkes von Bedeutung sein können. Den Abschluss bilden auf dieser Grundlage sodann einige Überlegungen zur Frage, ob und inwieweit (und bejahendenfalls: ob und inwieweit auch zu Recht bzw. vernünftigerweise) durch das Gesetz zur Regelung der Verständigung im Strafverfahren eine „konsensuale Neuausrichtung" des Strafprozessrechts erfolgt ist (dazu abschließend 3.).

1. Anwendungsbereich und Voraussetzungen einer „Verständigung"

a) Anwendungsbereich und Reichweite

Der Gesetzgeber des Verständigungsgesetzes hat in allen Verfahrensstadien den (deklaratorischen) Hinweis auf die Möglichkeit einer Erörterung des Verfahrensstandes aufgenommen.[145] Innerhalb der Hauptverhandlung selbst – diese Beschränkung ergibt sich wiederum aus der systematischen Stellung im 6. Abschnitt des 2. Buches – ist dann im Rahmen bzw. in Fortführung eines solchen Gesprächs jederzeit ein Vorgehen nach § 257c zur einvernehmlichen Verfahrenserledigung denkbar. Soweit die systematische Stellung hinter dem Beweisrecht suggerieren würde, dass eine Verständigung erst nach dem Schluss der Beweisaufnahme erfolge, wäre dies zumindest für den Regelfall missverständlich.[146]

Angesichts der über das gesamte Verfahren verbreiteten Normierung von Erörterungen sowie mit der mehr oder weniger fein ausdif-

---

[145] Für das Ermittlungsverfahren: § 160b; für das Zwischenverfahren: § 202a; für das Hauptverfahren: § 212 mit einer Sonderregelung für die Hauptverhandlung in § 257b.

[146] Vgl. auch *Meyer-Goßner*, EH, § 257c Rn. 1 mit dem zutreffenden Hinweis auf andere Gesetzesentwürfe, welche die Regelung etwa als neuen § 243a *vor* die Beweisaufnahmevorschriften positioniert hatten; zust. N/S/W-*Niemöller*, § 257c Rn. 6.

ferenzierten Regelung über die Verständigung (im technischen Sinne des § 257c) stellt sich die Frage, ob diese Regelungen abschließenden Charakter haben und damit andere informelle Gespräche, die sich außerhalb dieses Rahmens bewegen, notwendigerweise rechtswidrig sind.[147] Auf den ersten Blick erscheint eine solche Auffassung und insbesondere wohl auch Begründung erstaunlich, wenn man sich die vor Inkrafttreten des Gesetzes zur Regelung der Verständigung im Strafverfahren übliche Argumentation in Erinnerung ruft. Vielfach war hierbei ja als Argument dafür, dass Absprachen auch ohne explizite gesetzliche Erwähnung nicht schlechterdings unzulässig seien, darauf hingewiesen worden, dass der StPO gewisse konsensuale Strukturen auch sonst nicht fremd seien.[148] Dem würde widersprechen, wenn nunmehr eine deutlich stärker ausgeprägte konsensuale Struktur im Strafverfahrensrecht dazu führen sollte, dass solche informellen konsensualen Vorgehensweisen nicht mehr zulässig wären. Vorliegend spricht freilich einiges dafür, in den gesetzlich zugelassenen Verständigungsformen grundsätzlich abschließende Regelungen zu sehen, da der Gesetzgeber gerade mit dem Ziel angetreten ist, eine Regelung für ein durchaus umstrittenes und auch in seiner grundsätzlichen Berechtigung angezweifeltes Phänomen zu treffen.

Näher betrachtet, muss dies jedoch nochmals differenzierter gesehen werden: Hinsichtlich der Erörterung des Verfahrensstandes in §§ 160b, 202a, 212, 257b gibt es ohnehin keine nennenswerten Vorgaben. Der einzige nähere gesetzliche Regelungsrahmen ist für die Verständigung nach § 257c vorgegeben worden. Wer eine Verständigung in diesem Sinn und insbesondere mit der im Gesetz nunmehr vorgesehenen Verbindlichkeit treffen möchte, muss sich auch an die vom Gesetz vorgegebenen Formen halten, oder anders gewendet: Wer sich dieser Formen nicht bedient, kann sich auch keinesfalls auf die von der StPO dafür vorgesehenen Rechtswirkungen berufen, und „heimlichen", im Verborgenen stattfindenden informellen Verständigungen kommen nicht nur die in § 257c vorgesehene Rechtswirkungen nicht zu, sondern sie könnten auch jenseits der neuen gesetzlichen Regelung in keine Form gegossen werden, welche dem Stand der Leitlinienrechtsprechung des BGH entsprechen würde.

Damit ist aber noch nicht endgültig entschieden, wie mit ggf. gleichwohl erfolgenden informellen, beispielsweise nicht in die Diskussion in der öffentlichen Hauptverhandlung transportierten Gesprächen umzugehen ist. Ob diese tatsächlich ohne weiteres dem

---

[147] Dafür etwa *Schlothauer/Weider*, StV 2009, 600, 601.

[148] Vgl. nur BGHSt 43, 195, 197, 203, sowie aus der neueren Literatur (vor dem Verständigungsgesetz) *Sauer*, Konsensuale Verfahrensweisen, Rn. 102 ff.; Nachw. bei HK-*Lemke*, Einl Rn. 113.

Verdikt der Rechtswidrigkeit unterfallen (und z.B. für den Richter sogar *per se* zu einer Strafbarkeit nach § 339 StGB führen müssen),[149] ist doch zweifelhaft. Auch in vielen anderen Bereichen des Rechts ist ein informelles „Abtasten" bis hin zu einvernehmlicher Erledigung auch dort durchaus denkbar, wo für verbindliche und streitige Entscheidungen bestimmte Verfahren und Formen vorgeschrieben sind. Bedient man sich dieser nicht, so ist die Konsequenz daraus nur, dass

- man ggf. keine „feste", durchsetzbare Rechtsposition erwirbt, sondern auf den guten Willen des Gegenüber angewiesen ist und dass
- die materiellrechtlichen Voraussetzungen eines bestimmten Entscheidungsvorgangs vorliegen müssen, damit eine rechtmäßige Entscheidung getroffen werden kann.

In diesem Sinne müssen (in der Praxis ohnehin zu erwartende) informelle Gespräche auch nach dem zukünftigen Recht nicht ohne weiteres rechtswidrig sein – die Rechtmäßigkeit einer solchen Verständigung im untechnischen Sinn wird vielmehr nach dem materiellen Recht (und nicht durch eine Abweichung vom Prozessrecht) entschieden. Freilich finden die speziellen Regelungen z.B. des § 257c darauf keine Anwendung (was etwa für verschiedene Fragen hinsichtlich der Bindungswirkung von Bedeutung ist, vgl. dazu auch unten 2.). Auch spricht manches dafür, Mitteilungs- und Dokumentationspflichten teleologisch auf Fälle zu reduzieren,[150] in denen es (bereits) zu ernsthaften Schritten einer Verständigung im technischen Sinn gekommen ist und in denen nicht nur (bzw. erst) ein informelles Stadium erreicht ist. Ist es allerdings außerhalb der Hauptverhandlung zu einer „Einigung" gekommen, die dann unrichtig bestritten wird (etwa weil unzulässigerweise ein Rechtsmittelverzicht vereinbart worden ist), dürfte hiermit in der Tat die Grenze des § 339 StGB überschritten zu sein.

b) Geständnis als zentrale Voraussetzung

aa) Nach § 257 II 2 „soll" Bestandteil jeder Verständigung ein Geständnis sein.[151] So rasch man sich wohl darauf einigen kann,

---

[149] Vgl. *Schlothauer/Weider*, StV 2009, 600, 606; zur Frage ferner *Kirsch*, StraFo 2010, 96, 101. An der Wirksamkeit dieser Drohung zweifelnd *Altenhain/Haimerl*, JZ 2010, 327, 336.

[150] Vgl. in diesem Sinne auch *Bittmann*, wistra 2009, 414 (für §§ 160b S. 2, 202a S. 2 und 212). Im Sinne des § 243 IV wäre in solchen Fällen ein „Negativattest auszustellen", wenn bei einem „Gesprächsversuch" eine Seite signalisiert, sich nicht verständigen zu wollen oder aber klar wird, dass die Vorstellungen zu weit auseinander liegen. A. A. jedenfalls für manche Konstellationen aber offenbar N/S/W-*Weider*, Teil C Rn. 38.

[151] Zum Zusammenhang zwischen Geständnis und Absprache nach der alten Rechtslage eingehend *Hauer*, Geständnis, insb. S. 24ff., 47ff.

dass ein solches Geständnis nur für eine verfahrensbeendende und den Strafrahmen betreffende Verständigung Regelvoraussetzung ist (nicht aber für solche, in denen es um sonstige Prozesshandlungen der Verteidigung einer- und des Gerichts andererseits geht), so schwierig und auch umstritten ist die Frage, ob bei einer verfahrensbeendenden und strafzumessungsrelevanten Verständigung überhaupt ein Verzicht auf ein Geständnis möglich sein soll.

bb) Der letztlich Gesetz gewordene Standpunkt des Gesetzgebers scheint hier klar und unmissverständlich,[152] zumal insbesondere der Rechtsausschuss des Bundesrates noch in einem späten Stadium des Gesetzgebungsverfahrens das Geständnis als *zwingende* Voraussetzung einer Verständigung postuliert hat[153] und damit nicht erfolgreich gewesen ist. In der Literatur wird dies – insbesondere durch Vertreter aus der Justiz – kritisiert und die Frage gestellt, „womit sich der Angeklagte dann überhaupt noch einen milderen Strafrahmen verdient hat", wenn er kein Geständnis abgegeben hat.[154] Diese Frage so zu stellen, heißt in der Tat, sie nur schwer beantworten zu können.[155] Immerhin kann man jedoch – gerade in der Situation der Verständigung und mit Blick auf die immerhin existierende Soll-Vorschrift – die Bedeutung des Geständnisses zumindest teilweise relativieren:

- Zwar ist „confessio ... regina probationum", aber allein aus Gründen der (fortbestehenden, vgl. § 257c I 2) Aufklärungspflicht wird man ein Geständnis nicht als schlechterdings unverzichtbare Voraussetzung ansehen können, gibt es doch auch (und gerade!) in streitig geführten Verfahren Verurteilungen ohne Geständnis, obwohl die „Gegenwehr" des Angeklagten dort viel heftiger erfolgen

[152] Vgl. auch *Kirsch*, StraFo 2010, 96, 98.

[153] Vgl. BR-Drs. 582/1/09 vom 25. 6. 2009, S. 1 f.; zustimmend etwa *Meyer-Goßner*, ZRP 2009, 107, 108; positiver zur gesetzlichen Regelung dagegen etwa *Schlothauer/Weider*, StV 2009, 600, 603, die sogar einen großen Anwendungsbereich („zahlreiche Fälle") für Verständigungen ohne Geständnis sehen; *Jahn/Müller*, NJW 2009, 2625, 2628 wollen „nach dem gebräuchlichen Verständnis des Begriffs (sc.: „soll") ... bis auf wenige atypische Ausnahmefälle" ein solches fordern.

[154] Vgl. *Meyer-Goßner*, EH, § 257c Rn. 16; in der Kritik folgend etwa *Bittmann*, wistra 2009, 414, 415; KMR-*von Heintschel-Heinegg*, § 257c Rn. 33 (der zutreffend darauf hinweist, dass der Gesichtspunkt des Opferschutzes in einzelnen Verfahren als Argument greifen, jedoch nicht als „allgemeine Legitimation für die Verständigung und auch nicht speziell für den Verzicht auf ein Geständnis" hinreichend ist, vgl. in diesem Zusammenhang auch zur nicht seltenen Unzufriedenheit von Tatopfern mit den Ergebnissen von Absprachen *Fischer*, StraFo 2009, 177, 182).

[155] Auch die von *Schothauer/Weider* (StV 2009, 600, 603) genannten Beispiele, in denen der Angeklagte aus einem fremden Kulturkreis nach der Vergewaltigung seiner Tochter in der öffentlichen Verhandlung „das Gesicht wahren" müsse und deswegen nicht geständig sein könne, dürfte nicht notwendig geeignet sein, die Kritiker am Verzicht auf ein obligatorisches Geständnis von der Notwendigkeit dieses Verzichts zu überzeugen.

wird. Dass dabei der Verzicht auf ein Geständnis auf Sonderfälle (etwa glaubwürdige Geständnisse eines Mitangeklagten)[156] beschränkt ist, kommt durch eine Soll-Vorschrift hinreichend zum Ausdruck.

- Die durch das Geständnis indizierte und strafzumessungsrelevante „Reue“[157] muss realistisch betrachtet bei einem – auch nach Aktenlage durchaus glaubwürdigen – technisch formulierten Formalgeständnis nicht notwendig größer sein als bei einem nicht explizit geständigen Angeklagten, der auf „prozessuale Gegenwehr“ weitgehend verzichtet.
- Ein Geständnis der Tat ist auch nicht etwa Grundlage des Konsenses, sondern dieser wird formal durch die Zustimmung des Angeklagten nach § 257 III 4 herbeigeführt.

Insbesondere vor dem Hintergrund dieses letztgenannten Punktes erscheint zumindest erwägenswert, ob sich nicht die „formalisierte Reue“ schon hinreichend durch das der Entscheidung des Gerichts vorangehende (und sich insoweit von einem bloßen Akzeptieren einer durch das Urteil ausgeworfenen Strafe noch einmal unterscheidende!) Einverständnis hinreichend manifestiert. Indes ändert dies nichts daran, dass zumindest regelmäßig ein Geständnis erforderlich sein wird. Ein daraus etwa erwachsender „Geständnisdruck“, um sich die Möglichkeit einer Verständigung zu eröffnen, kann jedenfalls per se nicht als *sub specie* § 136a relevant erachtet werden,[158] da (einmal diesseits von Drohungen mit der berühmten Sanktionenschere, die aber ein Sonderproblem darstellen und selbstverständlich mit Blick auf § 136a relevant sind), nicht nur aufgrund des Gesamtregelungsgehalts des § 257c ein gesetzlich ausdrücklich vorgesehenes und zulässiges Vorgehen vorliegt, sondern weil auch im bloßen Angebot erweiterter Handlungsoptionen unter bestimmten Voraussetzungen kein „Zwang“ liegt, der die Entschließungsfreiheit gegenüber dem Status quo einschränken würde.

cc) Soweit kein Sonderfall vorliegt, in dem ausnahmsweise auf ein Geständnis verzichtet werden kann, ist dieses also regelmäßig Bestandteil von jedenfalls verfahrensbeendenden und strafzumessungsrelevanten Verständigungen. Dabei wird man den weiten Geständnisbegriff des § 254 I (der auch schon das Einräumen einzelner Tatsachen erfassen soll) freilich nicht heranziehen können.[159] Die als Ausnahme zum Unmittelbarkeitsgrundsatz fungierende, zugleich

---

[156] Beispiel bei *Jahn/Müller*, NJW 2009, 2625, 2628.

[157] Zur Reue als Grund für die strafmildernde Wirkung von Geständnissen etwa *Hauer*, Geständnis, S. 82f. m. w. N.

[158] Krit. aber *Jahn/Müller*, NJW 2009, 2625, 2628; zu Rügen nach altem Recht vgl. die Nachw. bei N/S/W-*Niemöller*, Teil A Rn. 10.

[159] Anders aber N/S/W-*Niemöller*, Teil B, § 257 Rn. 148.

jedoch mittelbar die Verlesung nichtrichterlicher Vernehmungsprotokolle einschränkende Vorschrift des § 254 I hat ersichtlich einen anderen Schutzzweck als das Geständniserfordernis des § 257c II 2, das (ungeachtet der o.g. Einschränkungen) wahrheitssichernde und strafmilderungslegitimierende Bedeutung hat.

Inwiefern „alternative Einlassungsformen" des Angeklagten (etwa durch Verlesung einer Erklärung der Verteidiger o.ä.) den Anforderungen genügen, wird im Einzelfall zu entscheiden sein und wohl auch die zukünftige Rechtsprechung beschäftigen.[160] Tendenziell wird man hier großzügig sein können: Sofern das Gericht entsprechende Einlassungen im Einzelfall generell zulässt (was von der Frage zu unterscheiden ist, wann solche zugelassen werden müssen),[161] können durch sie ungeachtet ihrer rechtlichen Einordnung im Übrigen die mit § 257c II 2 verfolgten Zwecke grundsätzlich durchaus erreicht werden.

Zur wichtigen und auch im Gesetzgebungsverfahren intensiv diskutierten Frage nach den inhaltlichen Anforderungen an ein Geständnis, welches eine Verständigung tragen kann, hatte der Große Strafsenat[162] vor dem Verständigungsgesetz bekanntlich grundsätzlich ein qualifiziertes, d.h. hinreichend detailliertes und nachprüfbares Geständnis verlangt. In welcher Schärfe diese Anforderungen fortgelten sollen, wird in der Literatur bisher unterschiedlich beurteilt: Teils wird „regelmäßig" eine (wenngleich nachvollziehbare) „‚schlanke' geständige Einlassung auch im Sinn eines nur pauschal eingeräumten Tatvorwurfs" für ausreichend erachtet,[163] teils wird in Folge des Verständigungsgesetzes eine Aufweichung befürchtet, aber sehr kritisch bewertet und im Grundsatz auf ein qualifiziertes Geständnis beharrt.[164] Die Unsicherheit dürfte hier zunächst einmal daher rühren, dass § 257c II 2 das Geständnis nur als „Soll-Vorschrift" voraussetzt,[165] so dass an ein immerhin abgegebenes Geständnis keine zu hohen Erwartungen gestellt werden dürften. Indes ließe sich dieser (scheinbare) Widerspruch noch dahingehend auflösen, dass mit Blick auf die Soll-Vorschrift des § 257c I 2 ein Geständnis ja gerade nur in Ausnahmefällen verzichtbar ist, in denen die Nachprüfbarkeit des Tatvorwurfs auf andere Art und Weise aus verschiedenen Richtungen gut möglich ist; für die Fälle, für die dies

---

160 Übersicht zu diesen alternativen Einlassungsformen – grundsätzlich krit. – KMR-*von Heintschel-Heinegg*, § 257c Rn. 34; vgl. auch *Pfister*, NStZ Sonderheft für Miebach 2009, S. 25.

161 Vgl. dazu etwa BGH NStZ 2008, 349; BGHSt 52, 175, 177f.

162 Vgl. BGHSt 50, 40, 49.

163 Vgl. *Jahn/Müller*, NJW 2009, 2625, 2628.

164 So *Meyer-Goßner*, EH, § 257c Rn. 17; BeckOK/StPO-*Eschelbach*, § 257c Rn. 8, 20; vgl. auch *Bittmann*, wistra 2009, 414, 415 („in jedem Fall aber glaubhaftes Geständnis").

165 Darin sieht *Meyer-Goßner*, EH, § 257c Rn. 17 eine „Karikatur" der Rechtsprechung des Großen Strafsenats und einen Beleg dafür, dass das Bekenntnis zu § 244 II in § 257c I 2 „nur auf dem Papier stehe".

gerade nicht gilt, lässt sich daraus jedenfalls mit Blick auf den Aufklärungsgrundsatz unmittelbar erst einmal nichts ableiten.

Was unabhängig davon freilich bleibt, ist die Unsicherheit, in einer abstrakten Definition festzulegen, welche Anforderungen an ein der Aufklärungspflicht (nach den im Verständigungsverfahren fortgeltenden Maßstäben[166]) genügendes Geständnis zu stellen sind.[167] Darin muss es dann im praktischen Ergebnis gar keinen großen Unterschied machen, ob mit der Schilderung in einem schlanken Geständnis der „der Anklage gegenständliche Sachverhalt für Gericht und Staatsanwaltschaft nachvollziehbar eingeräumt wird",[168] ob ein „schlankes und mit dem übrigen Erkenntnisstand vereinbares, in jedem Fall aber glaubhaftes Geständnis" verlangt wird[169] oder ob ein „glaubhaftes, qualifiziertes Geständnis" verlangt wird, bei dem die Glaubhaftigkeit dann „nur anhand der Akten und – wie sonst auch (ohne Verständigung) bei einem in der Hauptverhandlung abgelegten Geständnis – nicht durch eine weitere Beweisaufnahme überprüft wird".[170] Entscheidend muss also – und insoweit decken sich die Überlegungen mit denjenigen zum Erfordernis eines Geständnisses überhaupt – nicht auf sekundäre Funktionen des Geständnisses (etwa Reue oder Genugtuungsfunktion für den Verletzten), sondern allein auf Glaubwürdigkeit und Nachvollziehbarkeit angestellt werden. Soweit aber die Gerichte die Anforderungen des § 257c ernst nehmen, jedenfalls nicht unter vollständigem Verzicht auf eine Aufklärungspflicht und unter Berücksichtigung aller bekannten (und insbesondere aktenkundigen) Umstände nach § 257c III 1 einen Verständigungsvorschlag zu unterbreiten, werden – gerade i.V.m. dem Einverständnis mit diesem Vorschlag auch von Seiten des Angeklagten und der Staatsanwaltschaft – für eine hinreichende Glaubwürdigkeit keine all zu hohen Anforderungen zu stellen sein,[171] sondern regelmäßig ein schlankes Geständnis der Tat „im Sinne des in der Anklage formulierten Vorwurfs" genügen.

Dass der Regierungsentwurf hinsichtlich der Frage, ob das Geständnis „für genügend glaubhaft" erachtet wird,[172] allein auf das Gericht abstellt, ist – entgegen

[166] Zur Frage, welche Maßstäbe diese sind, vgl. auch ausführlicher unten S. 45ff.

[167] So die Formulierung in der Gesetzesbegründung BT-Drs. 16/12310, S. 14.

[168] So die Formulierung bei *Jahn/Müller*, NJW 2009, 2625, 2628.

[169] So die Formulierung bei *Bittmann*, wistra 2009, 414, 415.

[170] So die Formulierung bei *Meyer-Goßner*, EH, § 258c Rn. 17. Krit. zur Legitimation der Überzeugungsbildung durch den Rückgriff auf die Akteninhalte allerdings mit beachtlichen Gründen *Meyer*, ZStW 119 (2007), 633ff., insb. 640, 652ff.

[171] Dies um so mehr, als Beweiswert und Strafmilderungswert eines Geständnisses durchaus zu unterscheiden sind, vgl. im Ausgangspunkt überzeugend N/S/W-*Niemöller*, § 257c Rn. 93ff., insb. 95, 101 sowie auch Rn. 148. Vgl. auch *Fezer*, NStZ 2010, 177, 181.

[172] Vgl. nochmals BT-Drs. 16/12310, S. 14.

Jahn/Müller – nicht etwa aufgrund des in § 257c II 2 identisch mit Abs. 1 gebrauchten Begriffs der „Verständigung“ inkonsequent.[173] Denn auch wenn die Verständigung („nach Maßgabe der folgenden Absätze“) „mit den Verfahrensbeteiligten“ und damit jedenfalls auch mit der Staatsanwaltschaft hergestellt werden muss,[174] ändert dies nichts daran, dass das Gericht den Verständigungsvorschlag auf der Grundlage seiner Würdigung (vgl. auch § 257c III 2) unterbreitet und auch diesem entsprechend eine Entscheidung betrifft. Die Staatsanwaltschaft kann einer Verständigung zustimmen, muss dies aber nicht. Soweit sie zustimmt, ist sie in der Instanz selbst – gerade auch nach der Systematik des § 257c (vgl. insbesondere Abs. 4) – letztlich vom Gericht abhängig, das auch sonst allein über ein Entfallen der Bindungswirkung entscheidet. Erscheint der Staatsanwaltschaft das dann tatsächlich abgegebene Geständnis nicht hinreichend qualifiziert und auch nicht ausnahmsweise verzichtbar, so ist es an ihr, eine auf Verletzung des § 257c II 2 gestützte Revision einzulegen. Ein darüber hinausgehendes Bedürfnis, die „Nachvollziehbarkeit“ des Geständnisses auch für den Vertreter der Staatsanwaltschaft in der Instanz selbst zu prüfen, besteht daneben nicht.

c) Mögliche Rechtsfolgen als Gegenstand einer Verständigung (im technischen Sinne des § 257c)

aa) Hinsichtlich der möglichen Inhalte einer Verständigung enthält § 257c auf den ersten Blick eine sehr klare Regelung, soweit es um Entscheidungen des Gerichts geht: Nach § 257c II 1 können Gegenstand dieser Verständigung Rechtsfolgen sein, wovon jedoch nach Abs. 2 S. 3 maßregelnde Besserung und Sicherung sogleich wieder ausgeschlossen werden.[175]

bb) Unterschiedlich beurteilt wird dagegen die Möglichkeit, eine Verständigung über Nebenstrafen oder andere Nebenfolgen sowie über Verfall und Einziehung zu treffen. Teilweise wird eine solche Verständigung für möglich gehalten (wenngleich vielfach kritisch gesehen),[176] teilweise differenzierend nach Art der Nebenstrafe bzw. Nebenfolge beurteilt.[177] Die zutreffende – und insoweit in der Tat differenzierende – Lösung hat davon auszugehen, dass durch die Verständigung in den anschaulichen Worten *Bittmanns* „nur auf einem schnelleren Weg zu einem dem materiellen Recht entsprechenden Ergebnis“[178] gelangt werden soll, die Verständigung aber nicht

---

[173] So der Vorwurf in der NJW 2009, 2625, 2628.

[174] Mit Blick auf § 257c III 4 verlangen auch *Jahn/Müller* explizit nicht die Nachvollziehbarkeit etwa für den Nebenkläger, vgl. NJW 2009, 2625, 2629.

[175] Aufgrund der Beschränkung in S. 1 auf Rechtsfolgen eher deklaratorischen Charakter hat die Aussage, dass der Schuldspruch kein Gegenstand einer Verständigung sein kann. Zu denkbaren „Grauzonen“, soweit bestimmte Beweisaufnahmen als „verfahrensbezogene Maßnahmen“ bzw. als „Prozessverhalten“ des Gerichts ausgeschlossen werden und daher erst gar keine subsumtionsfähige Grundlage für einen bestimmten Rechtsfolgenausspruch geschaffen wird, vgl. *Jahn/Müller*, NJW 2009, 2625, 2628.

[176] So etwa *Meyer-Goßner*, EH, § 257c Rn. 10; KMR-*von Heintschel-Heinegg*, § 257c Rn. 74.

[177] So *Schlothauer/Weider*, StV 2009, 600, 602.

[178] Vgl. *Bittmann*, wistra 2009, 414, 415.

geeignet ist, ein vom materiellen Recht abweichendes Ergebnis zu legitimieren. Zwingende Rechtsfolgen (wie der Verlust der Amtsfähigkeit als Nebenfolge, vgl. § 45 StGB, aber auch die obligatorische Anordnung des Verfalls)[179] sind insoweit nicht „verhandelbar".[180] Etwas anderes gilt für Rechtsfolgen, die im Ermessen des Gerichts stehen (so etwa die Einziehung nach § 74 StGB).[181] Denn dass die Verständigung und ihre Inhalte (d.h. insbesondere die „Gegenleistung" des Angeklagten) „ermessensleitend" sein können, liegt schon für den Regelfall der Strafzumessung als wichtigste Rechtsfolgenbestimmung auf der Hand.

cc) Nach den gleichen Maßstäben ist auch die umstrittene[182] Frage zu entscheiden, ob die Strafaussetzung zur Bewährung[183] Gegenstand der Verständigung sein kann. Auch hier muss zwischen zwingenden Grenzen der materiellen Rechtsanwendung auf der einen und einer Ermessensausübung auf der anderen Seite unterschieden werden: Danach muss jedenfalls die zeitliche Obergrenze bewährungsfähiger Haftstrafen in Höhe von zwei Jahren nach § 56 II StGB unverhandelbar bleiben, da es sich insoweit um eine zwingende Voraussetzung nach dem materiellen Recht handelt. Dagegen ist die neben die zeitliche Obergrenze hinzutretende Voraussetzung der positiven Sozialprognose in § 56 II StGB zwar ebenfalls eine zwingende Voraussetzung des materiellen Rechts (so dass bei einer tatsächlich getroffenen negativen Sozialprognose eine auf einer Verständigung beruhende gleichwohl erfolgende Aussetzung zur Bewährung rechtswidrig wäre), steht jedoch im Ermessen des Gerichts,[184] so dass regelmäßig nicht beanstandbar bzw. zumindest nicht justitiabel sein wird, wenn die getroffene Verständigung diese Entscheidung mit beeinflusst.[185]

---

[179] Vgl. § 73 I 1 StGB: „So ordnet das Gericht dessen Verfall an". Anders bei Ermessens- oder Beurteilungsspielräumen wie in den Fällen des § 73c I 1 bzw. 2 StGB, zutr. N/S/W-*Niemöller*, § 257c Rn. 53.

[180] Anders für den Verfall – ohne Begründung – *Schlothauer/Weider*, StV 2009, 600, 602.

[181] „..., so *können* Gegenstände (...) eingezogen werden".

[182] Vgl. etwa *Meyer-Goßner*, EH, § 257c Rn. 12; KMR-*von Heintschel-Heinegg*, § 257c Rn. 27; BeckOk/StPO-*Eschelbach*, § 257c Rn. 15 einer-, *Bittmann*, wistra 2009, 414, 415 [dort Fn. 12] andererseits.

[183] Sicher nicht die Aussetzung des Strafrests nach § 57 StGB, da es sich hier zum einen um gar keine Entscheidung im Erkenntnisverfahren handelt und zum anderen schon eine Verurteilung vorausgesetzt wird, vgl. *Schlothauer/Weider*, StV 2009, 600, 602, sowie *Jahn/Müller*, NJW 2009, 2625, 25628; (vorsichtig) anders aber zur (strafzumessungsähnlichen) Frage des § 57a StGB *Jahn/Kett-Straub*, StV 2010, 271 ff.

[184] Vgl. nur BGH NStZ 1981, 61 sowie *Fischer*, § 56 Rn. 25 m.w.N. („bis zu den Grenzen des Vertretbaren").

[185] Im Ergebnis ebenso N/S/W-*Niemöller*, § 257c Rn. 57.

2. Konsequenzen einer getroffenen Verständigung

a) Bindung der getroffenen Verständigung und Entfallen der Bindungswirkung im Instanzprozess

§ 257c geht mit dem Bild des „Zustandekommens der Verständigung“ (Abs. 3 S. 4) und im Gegenschluss zu den Vorschriften über das Entfallen der Bindungswirkung (Abs. 4 S. 1, 2) davon aus, dass eine grundsätzliche Bindung des Gerichts an die einmal getroffene bzw. zustande gekommene Verständigung besteht. Es liegt auf der Hand, dass dies nur innerhalb der Instanz gilt, in welcher die Verständigung zustande gekommen ist, da die (vom Gesetzgeber gerade offen gelassene, vgl. deutlich § 302 S. 2) Überprüfung des Urteils nur Sinn macht, wenn die Verständigung nicht automatisch „instanzenfest“ ist.

aa) Hinsichtlich des Entfallens der Bindung (§ 257c IV 1, 2) sind – man ist fast geneigt, zu sagen: paradoxerweise – gegenüber der Rechtslage vor dem Verständigungsgesetz die Möglichkeiten des Abgehens des Gerichts von der vereinbarten Verständigung eher erweitert worden.[186] Das Gesetz geht hier über die „Leitlinienentscheidung“ des 4. Senats (welche neue, bisher unbekannte und schwerwiegende Umstände zu Lasten des Angeklagten für ein Abgehen verlangt hatte)[187] weit hinaus und greift insoweit die vom Großen Senat angeregte „Aufweichung“[188] auf, schon das Übersehen „rechtlich oder tatsächlich bedeutsamer Umstände“ für den Wegfall der Bindung genügen zu lassen. Dies ist nicht nur systematisch zweifelhaft,[189] sondern für den – ohnehin vorleistungspflichtigen – Angeklagten[190] ungeachtet des ggf. nachfolgenden Verwertungsverbotes ein schwer überschaubares Risiko. Insoweit ist eine restriktive Auslegung der Vorschrift vor allem mit Blick auf den unbestimmten Rechtsbegriff der „Bedeutsamkeit“ sowie auch der Tat- bzw. Schuldunangemessenheit vorzunehmen. Insbesondere bei Letzterer ist zu berücksichtigen, dass nach der Systematik des § 257c für die noch schuldangemessene Strafe ein größerer Spielraum bestehen wird, als in „normalen Verfahren“.[191]

---

[186] Vgl. *Meyer-Goßner*, EH, § 257c Rn. 26.

[187] Vgl. BGHSt 43, 195, 210.

[188] Vgl. BGHSt 50, 40, 50.

[189] Kritik bei *Meyer-Goßner*, EH, § 257c Rn. 26, sowie grundsätzlicher bereits bei *Duttge*, Böttcher-FS, S. 53, 75.

[190] Zum „Vertrauensschutz“ des Angeklagten (schon auf der Grundlage des Entwurfsstadiums) *Graumann*, HRRS 2008, 122ff.

[191] Teilt man die Prognose von *Meyer-Goßner*, EH, § 257c Rn. 21, dass in Zukunft regelmäßig die nach § 257c III 2 benennbare Untergrenze auch als Strafe festgesetzt

bb) Als gleichberechtigter Grund für den Wegfall der Bindungen neben dem Übersehenen rechtlich oder tatsächlich bedeutsamer Umstände nennt § 257c IV 2 ein Abweichen des „weiteren Prozessverhaltens des Angeklagten" vom prognostizierten Verhalten. Aufgrund dieses Verweises auf S. 1 der Vorschrift („gleiches gilt") wird man annehmen dürfen, dass auch hier weitere Voraussetzung ist, dass deswegen „der in Aussicht gestellte Strafrahmen nicht mehr tat- oder schuldangemessen ist", so dass § 257c IV 2 nicht als „allgemeine Wohlverhaltensanforderung" gelesen werden darf.[192]

In beiden Fällen stellt die Ungewissheit des Wegfalls der Bindung auch eine gewisse Schwierigkeit für die Verteidigung dar – sei es hinsichtlich der Abschätzung, welche Prognose das Gericht für das weitere Prozessverhalten im Detail zugrunde legt (bzw. welches Verhalten davon abweichen wird),[193] sei es beim Erkennen eines vom Gericht möglicherweise übersehenen Umstandes, der den Verteidiger zur Entscheidung nötigt, ob er das Gericht schon im Vorfeld auf diesen hinweisen soll, um das Risiko des späteren Wegfalls der Bindung zu minimieren.[194] All das zeigt, dass die Regelung letztlich unglücklich ist, zumal bei anderen Festlegungen des Gerichts auf der Grundlage mehr oder weniger summarischer Prüfungen (etwa in den Fällen der Einstellung nach § 153a, beim Erlass eines Strafbefehls oder sogar bei der Entscheidung im Zwischenverfahren) der „Wegfall der Bindung" an teilweise deutlich höhere Hürden geknüpft ist, obwohl keine bzw. keine so weit reichende „Gegenleistung" des Beschuldigten vorliegt. Hinzu kommt, dass bei einer verfahrensbeendenden Verständigung, bei welcher der Verständigungsinhalt vom Gericht vorgeschlagen und dann nur von Staatsanwaltschaft und Angeklagtem akzeptiert wird, das Risiko sowohl des Übersehens von Gesichtspunkten als auch der anfangs unzutreffenden rechtlichen Bewertung eigentlich beim Gericht (sowie bei der einer Verständigung zustimmenden Staatsanwaltschaft) liegen müsste. Zumindest die Fälle des § 257c IV 1 sind daher rechtspolitisch zweifelhaft und durch die oben bereits genannte enge Auslegung in ihrem Anwendungsbereich zu beschränken.

cc) Entfällt die Bindungswirkung, stellt sich die Frage, ob bzw. inwiefern der ursprünglich zugesagte Strafrahmen auch für das anschließende „streitige" Verfahren noch von Bedeutung sein kann. Hier ist zu differenzieren: In Fällen des § 257c IV 1 ergibt sich „die Strafmaßdiskrepanz aus dem Vergleich zwischen dem Inhalt der zunächst zustande gekommenen Verständigung und dem Urteil".[195] Auf Grund der Protokollierungspflicht nach § 273 Ia 2 i.V.m. § 257c

---

werden wird, besteht jedenfalls ein gewisser Spielraum bei der Prüfung, ob nicht auch unter Berücksichtigung des erschwerenden Umstandes eine Strafe unterhalb der ebenfalls benennbaren Obergrenze noch vertretbar ist.

[192] Zutreffend KMR-*von Heintschel-Heinegg*, § 257c Rn. 56. Beispiele für konkretes Prozessverhalten des Angeklagten, das Gegenstand einer Absprache sein könnte, bei N/S/W-*Niemöller*, § 257c Rn. 37.

[193] Etwa für den Umfang des Geständnisses, vgl. *Schlothauer/Weider*, StV 2009, 600, 604, zumal eine etwaige Unvollständigkeit eines grundsätzlich abgegebenen Geständnisses auch noch schwierige Folgefragen aufwirft, vgl. zu diesen *Bittmann*, wistra 2009, 414, 416.

[194] Anschauliches Beispiel bei *Jahn/Müller*, NJW 2009, 2625, 2629.

[195] Vgl. *Schlothauer/Weider*, StV 2009, 600, 605.

IV 4 ist revisionsrechtlich in gewissen Grenzen überprüfbar, ob die zusätzlichen Gesichtspunkte eine etwaige Strafschärfung tragen. In den Fällen des § 257c VI 2 dagegen kann ein Maßstab die Frage sein, welche strafmildernde Wirkung dem ursprünglich prognostizierten prozessualen Verhalten zugemessen werden durfte – ein höherer „Zuschlag" als diese fiktive Milderung wird regelmäßig für eine überhöhte Strafe im „streitigen" Verfahren sprechen.

Als Konsequenz des Wegfalls der Bindung wird nach § 257c IV 3 auch das Geständnis des Angeklagten unverwertbar (wobei „das Geständnis" wohl nur das im Rahmen der bzw. infolge der Verständigung getätigte Geständnis, nicht etwa frühere Geständnisse sein werden[196]). Diese Unverwertbarkeit wird in der Literatur überwiegend als zwingendes rechtsstaatliches Gebot begrüßt,[197] während andere eine teleologische Reduktion dahingehend fordern, dass zu Gunsten des Angeklagten sprechende Aspekte fortgelten bzw. verwertbar bleiben sollen.[198] Zumindest beim verteidigten Angeklagten darf das Problem freilich nicht überschätzt werden, da dieser nach der Mitteilung gem. § 257c IV 4 selbstverständlich die Möglichkeit hat, sein Geständnis bzw. für ihn günstige Teile von zu wiederholen.

Eine „Fernwirkung" wird dem Beweisverwertungsverbot des § 257c IV 3 grundsätzlich nicht – bzw. allenfalls in extrem gelagerten Fällen – zugemessen.[199] Aus den oben bereits genannten Gründen spricht an sich zwar einiges dafür, eine solche in den Fällen des § 257c IV 1 anzunehmen, da das Entfallen der Bindungswirkung nicht aus der Sphäre des Angeklagten herrührt. Die praktische Bedeutung der Frage dürfte aber gering sein, da die meisten in Betracht kommenden Beweismittel regelmäßig schon vor dem Geständnis bekannt gewesen sein dürften.[200]

b) Konsequenzen der Verständigung für das Rechtsmittelrecht

Bei unbefangener Betrachtung läge die Frage nahe, ob gegen ein nach einer Verständigung ergangenes Urteil überhaupt ein Rechtsmittel möglich sein soll oder ob in einem solchen nicht ein *„venire*

---

[196] Für Äußerungen auf Grund der Verständigung ist der Begriff dann aber weit auszulegen, vgl. N/S/W-*Niemöller*, § 257c Rn. 148, und muss etwa auch für ein „gemischtes" Geständnis gelten, das den Inhalt der Verständigung nicht erfüllt und deshalb möglicherweise zum Wegfall der Bindung führt; vgl. auch *Bittmann*, wistra 2009, 414, 416.

[197] Vgl. *Jahn/Müller*, NJW 2009, 2625, 2629; *Meyer-Goßner*, EH, § 257c Rn. 28.

[198] So *Bittmann*, wistra 2009, 414, 416.

[199] Vgl. *Meyer-Goßner*, EH, § 257c Rn. 28; N/S/W-*Niemöller*, Teil B, § 257c Rn. 150; für enge Fälle anders aber, *Jahn/Müller*, NJW 2009, 2626, 2629.

[200] Ebenso *Altenhain/Haimerl*, JZ 2010, 327, 333.

contra factum proprium" liegt. Die Diskussion ist im Ergebnis bekanntlich gerade andersherum entschieden worden, wobei durchaus fraglich ist, ob die unter Geltung der rein informellen Absprachen und bestenfalls richterrechtlichen Reglementierung vorgebrachten Argumente für eine weitgehend gesicherte Rechtmittelfähigkeit in gleicher Weise für eine gesetzlich geregelte und mit verschiedenen Beschuldigtenschutzmechanismen versehene Verständigung Geltung beanspruchen können. Denn das Argument, es müsse überprüft werden, ob das geltende Recht insoweit eingehalten werde, kann jedenfalls die Radikallösung eines Verbotes bzw. einer generellen Unwirksamkeit eines Rechtsmittelverzichts[201] nach § 302 S. 2 nicht rechtfertigen, stellt sich diese Frage doch *in jedem* Verfahren. Die weit reichende Sicherung der Rechtsmittelmöglichkeit[202] dürfte daher dem Umstand gewidmet sein, dass es sich auch nach einer Formalisierung um ein sensibles Instrument handelt, in welchem die gerichtliche Aufklärung – ungeachtet § 257c I 2 – eingeschränkt ist und (wenngleich kein „Zwang", so doch) ein gewisser (und in vielen Fällen auch: „ein erheblicher") Druck auf den Angeklagten ausgeübt wird. Das alles ändert freilich nichts daran, dass eine besondere Sicherung des „ebenso grund- wie risikolosen" Abstandnehmens von einer (idealiter) „frei getroffenen Entscheidung" nicht ohne weiteres plausibel ist und dass daher manche Gründe für eine eingeschränkte Überprüfung der für die Verständigung einzuhaltenden Verfahrensregeln im Rahmen der Rechtsmittel – vergleichbar etwa der Regelung in Art. 362 V der zukünftigen eidgenössischen Strafprozessordnung bei Urteilen im dort sog. „abgekürzten Verfahren"[203] – gesprochen hätten.[204]

Hinsichtlich der Reichweite der Unwirksamkeit eines Rechtsmittelverzichts stellt sich die Frage, ob dieser auch solche nicht „in die Form des § 257c gegossenen", gleichsam weiterhin durchgeführten

---

[201] Das Gesetz selbst ordnet ein Verbot an; wird dieses eingehalten, stellen sich keine Probleme. Wird gleichwohl ein Verzicht abgegeben, führt das Verbot zur Unwirksamkeit (vgl. auch N/S/W-*Niemöller*, § 302 Rn. 14; BeckOK/StPO – *Cirener*, § 302 Rn. 23), von der im Folgenden als problematischerer Fall meist die Rede ist.

[202] Neben der Unwirksamkeit eines Verzichts auch durch qualifizierte Belehrungspflichten (vgl. § 35 a).

[203] Abrufbar unter http://www.admin.ch/ch/d/ff/2007/6977.pdf (zuletzt abgerufen am 14. 4. 2010). Die Beschränkung des Rechtsmittelrechts in diesem Verfahren ist um so beachtlicher, als die materielle Richtigkeit der Urteile dort schon im Verfahren selbst weniger stark abgesichert ist, etwa durch den Verzicht auf jede Beweisaufnahme, vgl. Art. 361 IV SchwStPO. Vgl. dazu auch *Gless*, in: Ackermann/Wohlers, Wirtschaftsstrafverfahren, S. 115ff., sowie *Kunz*, Müller-FS, S. 383ff. Zum italienischen „pattegiamento" als Vorbild vgl. *Weichbrodt*, Konsensprinzip, insb. S. 197ff.

[204] Ähnlich – mit Anlehnung an den Prüfungsumfang der Revision nach einer Berufungsverwerfung nach § 329 StPO – *Bittmann*, wistra 2009, 414, 417. Krit. *Altenhain/Haimerl*, JZ 2010, 327, 333.

informellen Absprachen betrifft, die es in dieser Form eigentlich gar nicht geben dürfte.[205] Auf den ersten Blick erschiene es zwar vielleicht paradox, wenn deren Bestand gleichsam „sicherer“ wäre; andererseits sind solche informellen und vom Gesetz nunmehr nicht mehr akzeptierten Absprachen auch sonst nicht von § 257c erfasst.[206] Insoweit erscheint auch derjenige, der sich auf eine solche Absprache einlässt und anschließend einen Rechtsmittelverzicht erklärt, nur wenig schutzwürdig, und dass die Mitwirkung an einer solchen informellen Verständigung illegal ist (und insbesondere für den Richter sogar ein Strafbarkeitsrisiko nach § 339 StGB bergen kann, vgl. o.S. 35), hat mit der Wirksamkeit eines erklärten Verzichts erst einmal nichts zu tun. Ein „schutzwürdiges Vertrauen“ in den „Bestand“ des Rechtsmittelverzichts gibt es aber umgekehrt auch bei den übrigen Beteiligten an einem solchen (in dieser Form bzw. angestrebten Verbindlichkeit sicher illegalen) „Deal“ nicht. Vor allem aber besteht die Gefahr, dass bei Nichtanwendbarkeit der Unwirksamkeit des Rechtsmittelverzichts für die Verfahrensbeteiligten ein Anreiz gerade zu einem solchen nicht erwünschten informellen Prozessieren geschaffen würde, weshalb – einmal ungeachtet der Nachweisschwierigkeiten[207] – als theoretischer Ausgangspunkt davon auszugehen ist, dass nach der (wenngleich durchaus fragwürdigen, vgl. o.) gesetzlichen Wertung des § 302 S. 2 auch solche Verzichtserklärungen unwirksam sein müssen, die in heimlichen Absprachen versprochen worden sind.

3. Fazit: Konsensuale Neuausrichtung des Strafverfahrens?

a) Ausgangspunkt

Jenseits der Auslegung von Einzelvorschriften stellt sich abschließend die Frage, ob mit der Einführung der Verständigung ein – gegebenenfalls faktisch schon bestehendes[208] – Konsensprinzip im Strafver-

[205] So *Jahn/Müller*, NJW 2009, 2625, 2630; *Schlothauer/Weider*, StV 2009, 600, 601; anders wohl N/S/W-*Niemöller*, § 302 Rn. 5 (in Rn. 7 aber jedenfalls explizit für Geltung, auch wenn Verfahrensvorschriften des § 257c verletzt worden sind), sowie *Bittmann*, wistra 2009, 414, 416; *Kirsch*, StraFo 2010, 96, 101.

[206] Gemeint sind hier echte informelle Absprachen *praeter legem* nach alter Form, nicht dagegen nach § 257c durchgeführte Verständigungen, die nur an gleichsam „kleinen“ Fehlern leiden.

[207] Jedenfalls die professionellen Verfahrensbeteiligten werden nicht geneigt sein, ein solches Vorgehen einzuräumen: Dem Richter droht eine Strafbarkeit nach § 339 StGB, mitwirkende Verteidiger und Staatsanwälte könnten (wenn zu ihren Gunsten ein schon vorliegender Tatentschluss unterstellt wird) schnell jedenfalls in den Bereich der psychischen Beihilfe gelangen.

[208] Zu dieser Frage auch *Weßlau*, StraFo 2007, 1 ff.

fahren statuiert worden ist. Bejaht man dies (was nicht zuletzt davon abhängt, was man konkret unter „Konsensprinzip" versteht), müssen das Verhältnis eines „neuen konsensualen Verfahrens" zum traditionellen Strafverfahren geklärt sowie die Neuerungen, insbesondere mit Blick auf die Kompatibilität mit den traditionellen Strukturprinzipien des Strafverfahrens und auf ein etwaiges Beschleunigungspotential, bewertet werden.

Freilich gleicht die Frage nach der Geltung eines Konsensprinzips im (neuen) Strafverfahren sowie nach der Interpretation der durch das Verständigungsgesetz eingeführten bzw. geänderten Vorschriften in gewisser Weise der „Henne-Ei-Problematik": Denn einerseits hängt die Interpretation der Einzelvorschriften davon ab, ob man an ein übergeordnetes Konsensprinzip „glaubt"; andererseits können für oder gegen dessen Geltung selbstverständlich gerade diese Vorschriften (in einer bestimmten Interpretation) angeführt werden.

Exemplarisch: § 257 I 2 ordnet an, dass auch bei einer Verständigung im Sinne dieser Vorschrift der Amtsermittlungsgrundsatz nach § 244 II unberührt bleibt:
- Einerseits ist hier die Frage, welche Bedeutung das Konsensprinzip im Strafverfahren haben soll, möglicherweise wichtig dafür, wie der unberührt bleibende § 244 II überhaupt zu verstehen ist: „traditionell" oder „konsenstheoretisch modifiziert".[209]
- Andererseits ist die Exegese des § 244 II wichtig dafür, welche Bedeutung man dem konsensualen Element bei der Verständigung zumisst, da diese naturgemäß abnimmt, wenn man an einer Amtsaufklärungspflicht traditioneller Prägung festhalten möchte.

Wenn hier gleichwohl der Versuch unternommen wird, die Frage nach dem Konsensprinzip im neuen Strafverfahrensrecht zu beantworten, so soll dies in zwei Schritten, und zwar zunächst gewissermaßen systemimmanent anhand der neuen Gesetzesfassung und sodann systemtranszendent, erfolgen: Zunächst wird also zu untersuchen sein, welche „festen Pflöcke" (insbesondere aus den Materialien und mit Blick auf anerkannte Auslegungsmethoden) sich insoweit „einrammen" lassen (dazu sogleich b). In einem zweiten Schritt ist dann zu prüfen, wie sich etwaige konsensuale Ansätze in das strafprozessuale Gesamtgefüge einpassen und welchen Ertrag sie gegebenenfalls mit Blick auf den hier besonders interessierenden Beschleunigungsgedanken versprechen (im Anschluss c).

b) Anknüpfungspunkte und Grenzen eines konsensorientierten Verständnisses der StPO im sog. Verständigungsgesetz

Für die schon aus Umfanggründen notwendig kursorische und elektive Prüfung etwaiger Anhaltspunkte für oder gegen ein „Kon-

---

[209] Wie dies schon vor einiger Zeit von *Jahn* (GA 2004, 272 ff.) postuliert wurde.

sensprinzip" erscheinen solche Regelungen am aussagekräftigsten, die den Ablauf des Strafverfahrens im Zusammenhang mit einer Verständigung selbst betreffen und die nicht nur (gleichsam flankierend) der Dokumentation bzw. Publizität der jeweiligen Verständigung dienen. Knapp untersucht werden sollen daher im Folgenden diejenigen Vorschriften, die explizit eine Erörterung des Verfahrensstoffs vorsehen, die rechtsmittelrechtliche Folgeregelung sowie selbstverständlich insbesondere die zentrale Norm des § 257c selbst:

aa) Zu den in jeweils ähnlicher Form in §§ 160b, 202a, 212 und 257b aufgenommenen „Erörterungsvorschriften" findet sich in der Gesetzesbegründung keine Aussage über ein etwa geltendes „Konsensprinzip", sondern es wird vielmehr nur ein „offenerer" bzw. „transparenter Verhandlungsstil" erwähnt. Zu § 257b wird sogar ausdrücklich angemerkt, dass die Vorschrift sich auf „kommunikative Elemente (beschränkt), die der Transparenz und Verfahrensförderung dienen, aber *nicht auf eine einvernehmliche Verfahrenserledigung gerichtet sind*".[210] Das ist zumindest nicht unplausibel. Zwar ist das traditionelle Prozessmodell ohne Zweifel von einem Rollenantagonismus zwischen Beschuldigtem und Strafverfolgungsbehörden geprägt, indes heißt dies selbstverständlich nicht, dass man allein deswegen gleichsam denknotwendig „feindlich" miteinander umgehen müsste und nicht kommunizieren dürfte. Das Gegenteil ist der Fall: Gerade wenn man den Rollenantagonismus und damit den Disput um Deutungsmöglichkeiten im tatsächlichen Bereich und/oder über Bedeutungskonflikte von Normen[211] ernst nimmt, ist ein Austausch dieser Deutungen – und zwar auch ohne Orientierung am Modell des Diskurses in der idealen Sprechsituation[212] – bedeutsam. Anders gewendet: Der „Kampf ums Recht" setzt eine Erörterung des Verfahrensstoffes voraus, um über diesen zu einem „gültigen Argumentationsstand" zu kommen.[213]

Jenseits dessen bieten derartige Erörterungen natürlich die Möglichkeit eines „konsensualen" Vorgehens in bestimmten Sachfragen, in denen ein solches Konsensprinzip auch mit keinem Strukturprinzip der Strafprozessordnung zu kollidieren droht: Trifft man etwa Terminsabsprachen oder erörtert man zwischen den Verfahrensbeteiligten eine sinnvolle Reihenfolge bei der Behandlung des Prozessstoffes oder der Zeugenladung, so mag man derartige Gespräche über den äußeren Rahmen der Verhandlung zwar als „konsensual" bezeichnen, indes kollidiert diese Art von Konsens nicht mit dem

---

[210] Vgl. dazu BT-Drs. 16/12310, S. 11ff.
[211] Vgl. *Christensen/Kudlich*, Theorie, S. 207ff., 256ff.
[212] Zur Bedeutung des thetischen Redens im Rechtsstreit auch ohne Unterwerfung unter die Diskurstheorie vgl. *Christensen/Kudlich*, Theorie, 256ff.
[213] Vgl. *Christensen/Kudlich*, Theorie, S. 241ff.

Strafverfahrensrecht, sondern ist nur ein Gebot des höflichen Umgangs miteinander.

bb) Auch zur rechtsmittelrechtlichen Behandlung von Verständigungen in Gestalt der Unwirksamkeit eines etwaigen Rechtsmittelverzichts sind keine Äußerungen des Gesetzgebers ersichtlich, die § 302 I 2 in einen – positiven oder negativen – Kontext zum Konsensprinzip bringen. Letztlich ist die Bedeutung der Vorschrift für diese Frage aber selbsterklärend: Die nach außen deutlichste denkbare Bekundung eines „Konsenses" in Gestalt eines allseitigen Rechtsmittelverzichts wird kategorisch ausgeschlossen. Auch zeigt die Anfechtbarkeit des Urteils, dass dieses nicht nur eine formale Hülle für einen (von der Anfechtung eines formalen Aktes zunächst einmal nicht betroffenen) Konsens ist, sondern dass ihm durchaus eigenständige Bedeutung zukommt. Zuletzt dient der Ausschluss eines Rechtsmittelverzichts der Überprüfbarkeit des Urteils und der Möglichkeit für die Rechtsmittelberechtigten „in Ruhe und ohne Druck überlegen (zu) können, ob sie Rechtsmittel einlegen wollen oder nicht".[214] Dies verdeutlicht, dass die einer Verständigung zugrunde liegende gemeinsame Basis jedenfalls nicht über die Instanz hinausreichen soll, in welcher die Verständigung getroffen wurde.

cc) Dagegen findet sich hinsichtlich der „Zentralnorm" des neuen § 257c mit Blick auf die Einführung eines „Konsensualprinzips" in der Gesetzesbegründung zumindest formell der Hinweis, dass die Figur der Verständigung maßgeblich durch das Element des „Einvernehmens" geprägt sei,[215] was im hohen Maße „konsensual" klingt. Auch die Einschätzung, die Attraktivität von Verständigungen auf Seiten der Justiz liege wohl im Bestreben, „die knappen Ressourcen durch ein ‚abgesprochenes' und damit möglichst rasches Verfahren" zu schonen,[216] weckt mit dem Terminus „abgesprochen" sowie der Hoffnung auf ein rasches und damit wohl gerade „nichtstreitiges" Verfahren die Assoziation zu einem konsensualen Prinzip. Umgekehrt wird aber betont, dass im Grundansatz gerade „keine neue – dem deutschen Strafprozess bislang unbekannte – Form einer konsensualen Verfahrenserledigung, die die Rolle des Gerichtes, insbesondere bei seiner Verpflichtung zur Ermittlung der materiellen Wahrheit, zurückdrängen würde, wünschenswert ist"[217] und dass die „Verständigung als solche (…) niemals die Grundlage eines Urteils bilden" kann,[218] was deutlich gegen die Einfügung eines (jedenfalls

---

[214] Vgl. BT-Drs. 16/13095, S. 14.
[215] Vgl. BT-Drs. 16/12310, S. 13.
[216] Vgl. BT-Drs. 16/12310, S. 7.
[217] Vgl. BT-Drs. 16/12310, S. 8.
[218] Vgl. BT-Drs. 16/12310, S. 13.

tradierte Prinzipien verdrängenden) Konsensualprinzip streitet. *Cum grano salis* könnte man auch formulieren: Die Begründung geht tatsächlich immer wieder von der Möglichkeit einer konsensualen Erledigung bzw. den damit verbundenen Vorteilen aus, postuliert jedoch gerade das Gegenteil.

Dieses – vorsichtig ausgedrückt – divergente Bild wird durch das Gesetz selbst bestätigt: Einerseits wird in hohem Maße konsensorientiert angeordnet, das Gericht könne sich mit den Verfahrensbeteiligten u.a. über „das Ergebnis des Verfahrens verständigen" (vgl. § 257c I 1), was insbesondere die Zustimmung des Angeklagten und der Staatsanwaltschaft voraussetzt (vgl. § 257c III 4). Andererseits wird – jedenfalls nach traditionellem Verständnis in hohem Maße konsensfeindlich – ausdrücklich postuliert, dass § 244 II „unberührt" bleibe (vgl. § 257c I 2).

Gerade an dieser Erwähnung des § 244 II spiegelt sich der Streit um Bedeutung und Legitimität eines Konsensprinzips wider: Teils wird sie als wesentliches Bollwerk gegen ein an sich unerwünschtes Konsensprinzip interpretiert,[219] teils ist – durchaus resignativ – von einem bloßen Lippenbekenntnis die Rede,[220] teils wird offensiver behauptet, der Hinweis auf § 244 II sei „angesichts der Zielrichtung beinahe jeder Urteilsabsprache nichts weniger als unrealistisch und in sich widersprüchlich".[221] In der Deutung von *Jahn* sehen auch „engagierte Kritiker des Verständigungsgesetzes" im Konsensprinzip einen „neuen, wenngleich aus ihrer Perspektive inhaltlich kritikwürdigen Verfahrensgrundsatz".[222] Nicht zu Unrecht spricht *Fischer* davon,[223] die unberührte Fortgeltung des § 244 II sei – jedenfalls bei traditionellem Verständnis der Vorschrift – „bloßes Postulat" bzw. als Konzeption unehrlich.

Die bislang (d.h. zum Manuskriptabschluss Ende 2009) spärlichen bekannt gewordenen bzw. berichteten praktischen Erfahrungen mit den neuen Regelungen in der Tatsacheninstanz scheinen die Divergenz und die damit verbundene Verunsicherung auch in der Rechtsanwendung nachzuzeichnen: Verteidigerseitig wird berichtet, dass sich die Vorsitzenden im Spektrum zwischen peinlich genauer Dokumentation[224] und

[219] Vgl. *Kempf*, Stellungnahme, S. 6, sowie *König*, Stellungnahme, S. 2.

[220] Vgl. *Meyer-Goßner*, EH, § 257c Rn. 3.

[221] Vgl. *Jahn/Müller*, NJW 2009, 2625, 2631.

[222] A.a.O. unter Hinweis etwa auf *Fischer*, StraFo 2009, 177, 183; *Weßlau*, Müller-FS, S. 779, 789. Differenzierend *Trüg*, ZStW 120 (2008), 331, 371; zweifelnd offenbar *Schünemann*, ZRP 2009, 104, 106.

[223] Vgl. StraFo 2009, 177, 186.

[224] Die zwar eine formale Absicherung bringt, mit der allein aber natürlich inhaltlich – und vor allem für § 244 II – nichts gewonnen ist. Insoweit verwundert nicht, wenn umgekehrt aus dem „Revisionsbetrieb" berichtet wird, dass in angefochtenen Urteilen nach einer Verständigung – ungeachtet § 257c I 2 – hinreichende Tatsachenfeststellungen nicht selten fehlen.

greifbarem Widerstand gegen die neuen Regelungen[225] bzw. faktischer Negierung derselben bewegen. Dieses Dilemma ist zwar nicht nur auf etwaige Mängel der neuen Regelung zu schieben (vgl. auch S. 49f.), sondern basiert etwa auch auf dem Unwillen, lieb gewonnene Gewohnheiten (insbesondere beim Rechtsmittelverzicht, wenngleich eine abweichende Praxis hier zumindest seit längerer Zeit nicht mehr den Segen der höchstrichterlichen Rechtsprechung hatte), belegt aber die Schwierigkeit des Umgangs mit einem derartigen Mischmodell.

Eine weitgehende Auflösung dieses Konflikts wäre freilich mit einer stärker konsenstheoretischen Deutung des Amtsermittlungsgrundsatzes vorstellbar, wie sie insbesondere von *Jahn* entwickelt worden ist.[226] Grob skizziert geht es dabei darum, dass die Frage, was i.S.d. § 244 II von „Bedeutung" ist, letztlich durch die Beteiligten (konsensual) beeinflussbar[227] und nicht allein objektiv bzw. richterzentriert festzulegen. Im Rahmen dieser Festlegung bestünde dann im Strafverfahren durch die verfassungsrechtlich gebotenen Garantien der Chancengleichheit (Art. 3 GG) und des rechtlichen Gehörs (Art. 103 I GG) durchaus eine im diskurstheoretischen Sinne „ideale Sprechsituation". Der Einwand, dass Absprachen als solches nichts „wahr" machen würden, da derjenige, der erkläre, „er wolle sich nicht (länger) streiten", damit dann noch nichts darüber gesagt habe, „was denn war und was wahr ist",[228] verfehlt nach Auffassung von *Jahn* „die Pointe (...) in dreifacher Hinsicht". Denn die konsensual abgegebene Erklärung, sich nicht weiter streiten zu wollen, stamme

- nicht von einem, sondern von mehreren Beteiligten[229]
- welche gerade entgegengesetzte Verfahrensrollen ausfüllen und daher nicht der Mauschelei verdächtig sind und
- welche im Regelfall (durch Anklageschrift und Einlassung) auch intersubjektiv zumindest nachvollziehbar darüber verhandeln, was angeblich gewesen ist. [230]

Formal ist das elegant begründet, übersieht jedoch möglicherweise – um insoweit die Terminologie *Jahns* aufzugreifen – selbst eine Pointe: Trotz des antagonistischen Charakters gerade des Handelns von Staatsanwaltschaft und Verteidigung, der grundsätzlich durchaus

---

225 Bis hin zu bewusst falschen Angaben über die (angeblich nicht erfolgte) Verständigung im Protokoll, um informell eine Verständigung mit Rechtsmittelverzicht erreichen zu können. Vgl. auch die Befürchtungen bei N/S/W-*Niemöller*, Teil A Rn. 34.

226 Vgl. zu den Grundlagen *Jahn*, GA 2004, 272, 281ff.; zur Deutung des § 244 II *ders.*, ZStW 118 (2006), 427ff., insbesondere 437ff; krit. etwa *Lüderssen*, Hamm-FS, S. 419, 432.

227 Vgl. *Jahn*, ZStW 118 (2006), 427, 444f.

228 Vgl. *Volk*, Salger-FS, S. 411, 419.

229 Bei *Jahn*, ZStW 118 (2006), 427, 455 ist noch von „wenigstens zwei Beteiligten (Staatsanwaltschaft und Angeklagtem)" die Rede; nach der Systematik des § 257c sind es nunmehr sogar drei Beteiligte.

230 Vgl. *Jahn*, ZStW 118 (2006), 427, 456.

wahrheitsfördernd wirken kann,[231] könnten die Beteiligten vorliegend ein – und zwar nach traditionellem Verständnis vom Zweck des Strafverfahrens dysfunktionales – gemeinsames Interesse an einem raschen und unkomplizierten Ausgang haben. Wollte man dieses Interesse an „schneller Erledigung" nicht als dysfunktional betrachten, müsste man dies wohl eigens begründen, oder anders gewendet: Es ist durchaus vorstellbar, dass der von *Jahn* beschworene Konsens zwar formal zutreffend ist, materiell aber nicht durch die Sachargumente bzw. in den Punkten begründet, um die es im Strafverfahren (jedenfalls nach tradiertem Verständnis) „eigentlich" geht.[232] Ungeachtet dessen sind die Überlegungen *Jahns* unten noch einmal aufzugreifen, da sie einen wichtigen und richtigen Kern haben, der zwar vielleicht keine so diametral abweichende Deutung des § 244 II trägt,[233] aber seine Anwendung im Einzelfall beeinflussen kann.

c) Zusammenfassung und Bewertung

aa) Das Konsensprinzip gilt auch nach dem Verständigungsgesetz keineswegs überall im Strafverfahrensrecht; vielmehr sind einige Regelungen gerade von einer großen Skepsis des Gesetzgebers dagegen gekennzeichnet. An der entscheidenden Schaltstelle des § 257c hat es jedoch in die StPO Eingang gefunden, was auch nicht durch den verschämten Hinweis auf den unberührt bleibenden § 244 II verleugnet werden kann. In ihrer grundsätzlichen Deutung sind insbesondere Amtsaufklärung und Konsensualprinzip auch tatsächlich nicht miteinander vereinbar.[234]

bb) Gleichwohl ist der Gesetzgeber gegen eine darauf bezogene Fundamentalkritik[235] teilweise in Schutz zu nehmen. Im Zusammenhang mit der Entstehung des Verständigungsgesetzes ist die Rede davon, dass das „Ob" einer Regelung der Absprachen angesichts der Entwicklung in der Praxis, aber auch angesichts ihrer Bedürfnisse nicht mehr streitig sein könne, sondern es „nur" noch um die konkrete Ausgestaltung gehe.[236] Dies mag auf den ersten Blick als fatalistische und als inhaltlich nicht tragfähige Begründung erachtet wer-

---

[231] Vgl. auch *Jahn*, GA 2004, 272, 284.

[232] Vgl. auch *Hassemer*, Hamm-FS, S. 171, 187 (Möglichkeit falscher Zuschreibung liege beim Konsens im Strafverfahren „auf der Hand"), sowie *Murmann*, ZIS 2010, 526, 532.

[233] Im Ergebnis ablehnend auch N/S/W-*Niemöller*, § 257c Rn. 73f.

[234] Zu den theoretischen Schwierigkeiten hierbei *Lüderssen*, Hamm-FS, S. 419ff., sowie anschaulich auch *Duttge*, Böttcher-FS, S. 53, 59ff.

[235] Geübt etwa von *Schünemann*, ZRP 2009, 104ff.; ähnlich kritisch insgesamt aber etwa auch *Fischer*, StraFo 2009, 177 ff. Zu einem konstruktiven Umgang auffordernd auch N/S/W-*Niemöller*, Teil A Rn. 34.

[236] So etwa *Lange*, Stellungnahme, S. 1.

den. Aber selbst *Schünemann* als einer der schärfsten Kritiker der Absprachenpraxis hat in seinem Gutachten zum DJT 1990 schon vor einer gesetzlichen Regelung zumindest eine Grundsatzfrage von seiner Fundamentalkritik ausgenommen und mit Blick auf die Funktionstüchtigkeit der Strafrechtspflege konzediert, dass möglicherweise Absprachen in geeigneten Fällen für die Gesamtleistungsfähigkeit des Justizsystems von Vorteil sein können.[237] Akzeptiert man dies (bzw. zollt man jedenfalls dem Gesetz den ihm zukommenden Respekt[238]), so sind jedenfalls die mit einer Einführung konsensualer Elemente verbundenen Abstriche am Legalitätsprinzip (und auch am Aufklärungsgebot) hinzunehmen;[239] eine ganze Reihe grundsätzlicher Einwände entfallen positivistisch betrachtet erst einmal mit Existenz einer gesetzlichen Regelung.

Dies gilt umso mehr, als diverse Verfahrensmaximen letztlich gerade auch nur in der Ausprägung Geltung beanspruchen könne, die sie einfachgesetzlich erfahren haben. Dass dann darüber hinaus dem Gesetzgeber bei der Wahl des konkreten Mittels eine rechtspolitische Einschätzungsprärogative zusteht, dürfte auf der Hand liegen; und auch ohne eine solche ist eine Regelung zur Absprache, wie sie Gesetz geworden ist, wohl einer extremen Ausweitung des Strafbefehlsverfahrens wie etwa *Kempf*[240] sie vorschlägt, nicht unbedingt unterlegen, da hier die Grundlage der ersten (wenngleich verhältnismäßig leicht angreifbaren) „Strafverhängung“ nicht einmal ein Konsens aller Beteiligten, sondern nur der Konsens des Richter und des Staatsanwaltes (bzw. bei Berücksichtigung der verbreiteten Praxis im Strafbefehlsverfahren: allein die Einschätzung und des Staatsanwaltes) ist. Nur ergänzend sei – obgleich Binsenweisheit – daran erinnert,[241] dass ein Absprachen- bzw. Verständigungssystem in einem der größten – und auch nicht *a priori* als uneingeschränkt defizitär abzuwertenden – Strafrechtssysteme der Welt eine herausragende Rolle spielt. Denn ungeachtet der erforderlichen Berücksichtigung unterschiedlicher Rahmenbedingungen[242] und jeder denkbaren Kritik am System des Plea Bargaining und des Guilty Plea in den USA ist doch zu betonen, dass hinsichtlich der originellen Motivation durchaus eine Vergleichbarkeit zwischen beiden Rechtssystemen besteht.[243]

---

[237] Vgl. *Schünemann*, Gutachten, S. 90ff.

[238] Hierauf weist zutreffend N/S/W-*Niemöller*, § 257c Rn. 72 hin.

[239] N/S/W-*Niemöller*, § 257c Rn. 72 spricht von der Herstellung praktischer Konkordanz zwischen Aufklärungsgebot und „konsensualer“ Verfahrenserledigung.

[240] Vgl. *Kempf*, Stellungnahme, S. 4.

[241] Gegen einen Vorwurf *Schünemanns* (ZRP 2009, 104, 105), der darauf hinausläuft, dass Deutschland sich strafprozessual nun unterhalb der Stufe eines Entwicklungslandes befinde.

[242] Vgl. etwa *Schünemann*, StraFo 2010, 90, 95. Diese Unterschiede in der Ausgestaltung liegen etwa darin, dass die Absprache hier zunächst ohne Beteiligung des Gerichts getroffen wird. Dies hat zwar auf den ersten Blick den Charme, dass die Macht des Richters nicht noch weiter aufgebaut wird; andererseits ist die Frage, ob nicht gerade Aspekte wie „Wahrheitserforschung“ oder „angemessene Berücksichtigung der Opferinteressen“ durch die erforderliche Einbeziehung des genuin neutral entscheidenden Richters besser gewahrt ist als bei einer bloßen Absprache zwischen Verteidigung und Anklagebehörde.

[243] Instruktiv hierzu *Ransiek*, ZIS 2008, 116ff.; zurückhaltender etwa *Kempf*, Stellungnahme, S. 3.

Zuletzt darf man auch die Augen nicht davor verschließen, dass auch ohne eine gesetzliche Regelung nicht nur Absprachen in erheblichem Umfang getroffen worden sind, sondern dass auch bei einer insoweit restriktiveren bzw. prohibitiveren Regelung weiterhin informelle und damit dann auch intransparente Absprachen getroffen worden wären. Hier kann die oben dargestellte Argumentation *Jahns* das erste Mal in anderem Kontext fruchtbar gemacht werden, da die zahlreichen Dokumentations- und Transparenzanforderungen im geltenden Recht aufgrund des Antagonismus der Verfahrensbeteiligten gut geeignet erscheinen, dass Absprachen zumindest regelmäßig in der dafür vorgesehenen Form sichtbar gemacht werden dürften.

cc) Beschränkt man sich nicht auf den lapidaren „irgendetwas musste der Gesetzgeber regeln"-Ansatz, muss man sich für eine differenzierte Bewertung des Verständigungsgesetzes noch einmal vor Augen führen, was – zunächst einmal *streng orientiert am gesetzlichen Regelwerk* – in der Sache denn passieren soll: Idealtypisch sollte das Gericht unter Beachtung von § 244 II sowie der gängigen Strafzumessungserwägungen einen Rechtsfolgenvorschlag machen, zu dem sich dann die Verfahrensbeteiligten ihrerseits äußern können. Dieser Vorschlag erlangt überhaupt nur dann irgendeine Wirkung, wenn er auf Zustimmung durch die Verfahrensbeteiligten stößt. Das danach erfolgende Urteil ist nach allgemeinen Grundsätzen (bzw. durch den Ausschluss des Rechtsmittelverzichts sogar darüber hinaus) angreifbar. Vergleicht man diese Situation mit dem „normalen Verfahrensablauf", so ist dieser oftmals – jedenfalls hinsichtlich der Wahrung der Beteiligtenrechte – so unterschiedlich nicht: Auch hier gingen dem Urteil möglicherweise Rechtsgespräche im weiteren Sinne voraus (deren Zulässigkeit und Sinnhaftigkeit auch von den Verständigungs-Kritikern durchwegs zugestanden werden), Staatsanwaltschaft und Verteidigung können durch ihre Schlussvorträge noch einmal ihren Standpunkt klarmachen, und das Gericht trifft dann eine Entscheidung. Jedenfalls nach der Struktur „Äußerungsmöglichkeit der Beteiligten" – „Berücksichtigung der schuldbegründenden Tatsachen und der strafzumessungsrelevanten Umstände" – „Möglichkeit der Hinnahme der gerichtlichen Einschätzung oder aber Angriff derselben" ist der Unterschied hier also nicht so groß.

In diesem Sinne lässt sich dann auch § 244 II – weniger in seinem grundsätzlichen Verständnis als vielmehr in seiner *Anwendung im Einzelfall*[244] – vielleicht besser in das Gefüge einpassen: Auch in nicht abgesprochenen Verfahren wird dem Aufklärungsauftrag im Falle eines Geständnisses insgesamt weniger intensiv nachgegangen als dann, wenn ein solches fehlt. Stellt man an ein Geständnis im

---

244 Darauf stellt im Ergebnis auch N/S/W-*Niemöller*, § 257c Rn. 76 wohl ab.

Rahmen einer Absprache gewisse Mindestanforderungen (vgl. oben S. 35f.), wird der Unterschied zwischen der nicht abgesprochenen Situation und der Verständigungssituation noch geringer. Denn selbstverständlich ist auch in nicht abgesprochenen Verfahren der Umfang der Aufklärungspflicht durchaus vom Prozessverhalten insbesondere des Angeklagten abhängig. Dieser hat – v.a. durch seinen Beweisantragsrecht – erheblichen Einfluss auf die Ermittlung des Sachverhalts (und sei es auch nur im Sinne der Schaffung einer für ihn günstigen Non-liquet-Situation), und der Umfang der Ausübung dieses Einflusses ist nicht nur für das Beweisantragsrecht relevant, sondern wirkt sich mittelbar auch auf § 244 II aus. Im Wechselspiel zwischen § 244 II und § 261 wird das Gericht ohne Rechtsfehler leichter und schneller zu einer Überzeugung kommen,[245] wenn der Angeklagte ein plausibles Geständnis abgibt. An dieser Stelle kann der *Jahn*'sche Ansatz zum zweiten Mal fruchtbar gemacht werden, denn die Überzeugung des Gerichts wird wohl legitimerweise auch dadurch genährt, das die beiden in der Sache antagonistisch stehenden Beteiligten (Verteidiger und der Staatsanwalt) einen Vorschlag übereinstimmend näher treten.

Dabei soll freilich nichts verklärt werden. Stellt man die Frage danach, ob die Regelungen missbraucht werden können, etwa weil das Gericht seinen Vorschlag doch nicht unter Berücksichtigung des § 244 II macht oder die berühmt-berüchtigte „Sanktionenschere" auspackt, wird man das bejahen müssen. Indes muss man sich dann gleich die ehrliche Frage stellen, ob dies in regulären Verfahren (oder insbesondere ob dies bei verdeckten informellen Absprachen, auf die ohne gesetzliche Regelung zumindest vielfach ausgewichen würde) eine weniger akute Gefahr wäre. Die Frage so zu stellen, heißt wohl sie zu verneinen. Arbeiten Gerichte in traditionellen Verfahren „schlampig", so ist das keinesfalls „besser" bzw. „weniger schlimm", als wenn es im Rahmen einer Verständigung passiert, bei der das Zustandekommen immerhin noch (anders als nach streitiger Verhandlung!) die Zustimmung von Staatsanwaltschaft und Angeklagtem voraussetzt und bei welcher der Inhalt der Verständigung zumindest teilweise im Protokoll enthalten ist. Geht man also davon aus, im Falle einer Verständigung sei etwa das Postulat der Aufklärungspflicht das Papier nicht wert, auf dem es steht, so ist zumindest begründungsbedürftig, warum dies in einem klassischen Verfahren anders sein soll, oder anders gewendet: Wer davon ausgeht, dass die Gerichte die gesetzlichen Vorgaben nicht einhalten, hat wenig Grund

[245] Vgl. zum Wechselspiel zwischen (abgeschlossener bzw. dann wieder in Frage zu stellender) Überzeugungsbildung und Amtsermittlungspflicht KK-*Fischer*, § 244 Rn. 33.

zu hoffen, dass dies im Fall des unabgesprochenen Verfahrens generell anders ist.[246]

Ungeachtet dessen bleiben spezifische Schwächen: Aufgrund der – im Zusammenspiel zwischen § 244 II und § 261 durchaus erklärbaren – Reduzierung der Aufklärungspflicht, mag im Einzelfall die „Wahrheit auf der Strecke" bleiben. Aber dies erscheint von Fall zu Fall zumindest „unterschiedlich schlimm" (weshalb entgegen vereinzelt geäußerter Kritik[247] der Hinweis auf „geeignete Fälle" in § 257c I 1 durchaus Sinn macht). Denn auch in anderen Fällen ist eine Aufklärung des Sachverhalts, die gleichsam „1:1" mit dem tatsächlich erfolgten Ereignissen übereinstimmt, häufig Utopie – und noch mehr Utopie ist die Vorstellung, etwa in Großverfahren mit zahlreichen Anklagepunkten bei der Behandlung zahlreicher ideal und real konkurrierender Delikte eine punktgenaue schuldangemessene Strafe bestimmen zu können. Darüber hinausgehend aber ist die „historische Aufarbeitung" des Sachverhalts jedenfalls in vielen Fällen nicht die zentrale Aufgabe des Strafverfahrens.[248] Probleme bleiben freilich bestehen, soweit die fehlende Aufklärung in Opferinteressen eingreift.

Des Weiteren verlangt möglicherweise gerade die Entscheidung darüber, ob man dem Verständigungsvorschlag zustimmt, einen besonderen Überblick, der dem unverteidigten Angeklagten fehlt. Insoweit könnte man erwägen, Fälle einer Verständigung generell zu solchen einer notwendigen Verteidigung zu erheben. Indes würde dies – jedenfalls bei einer weiten Subsumtion sämtlicher kommunikativer Akte in der Hauptverhandlung unter §§ 257b, 257c – zu einer zu starken Ausweitung dieses Instituts führen, zumal wenn man berücksichtigt, dass auch ohne Absprachen dem nichtverteidigten Angeklagten ja durchaus Unbill drohen kann. In komplexen und auch von der Strafdrohung her schwerwiegenden Fällen, für die in der Regel eine erstinstanzliche Zuständigkeit des Landgerichts begründet sein wird, liegt nach § 140 I 1 ohnehin ein Fall notwendiger Verteidigung vor.

---

[246] Insofern erscheint es auch zunächst einmal (ungeachtet der vielleicht übertreibenden Formulierung) nicht grundsätzlich kritikwürdig, wenn eine „mittlere Linie" in der Absprachendiskussion (trotz einer gewissen Kontrafaktizität) „von einem schier unerschütterlichen Grundvertrauen in eine fortwährend um strikte Sachorientierung, Gesetzestreue und hohe Professionalität getragene Strafjustiz getragen" wird (vgl. *Duttge*, Böttcher-FS, S. 53f.). An die Bereitschaft der Akteure, „im neuen Gesetz ein *Leitbild der Rechtskultur* zu erkennen, das einen Wert in sich trägt, der Achtung und Beachtung verdient", appelliert auch N/S/W-*Niemöller*, Teil A Rn. 34.

[247] Vgl. *Gillmeister*, Stellungnahme, S. 9.

[248] Vgl. auch *Kühne*, GA 2008, 361ff., insb. mit seinem vorsichtig-optimistischen Ausblick auf vorstellbare „funktionierende" Mischmodelle (374).

dd) Im Ergebnis wird man daher – jedenfalls in der Gesamtanlage (nicht unbedingt in jeder Einzelausprägung) des Verständigungsgesetzes – zwar durchaus eine systematisch nicht völlig befriedigende Vermischung zweier Verfahrenssysteme sehen müssen, von denen eines auch durch das Konsensprinzip geprägt ist. Man kann es umgekehrt aber durchaus auch auf der Habenseite des Gesetzgebers verzeichnen, dass ein genereller Bruch mit dem geltenden Verfahrensrecht vermieden wurde. Denn es spricht einiges dafür, dass die gegenwärtige Regelung – nach einiger Übung im Umgang damit – besser geeignet ist, die Praxis „einzufangen" als der bisherige Regelungszustand,[249] und dass die Eignung jedenfalls besser ist als sie es bei einem kompletten Verbot einer Verständigung gewesen wäre. Dass dabei die „Formalisierung des Informellen" immer ein gewisser Widerspruch in sich ist bzw. möglicherweise der tatsächlichen Entwicklung stets hinterherhinken wird, steht auf einem anderen Blatt.

Auch auf der Grundlage des oben entwickelten, „nicht unmittelbar konsenstheoretisch" geprägten Verständnisses des § 244 II (in seiner Wechselwirkung zu § 261) ist eine nicht unerhebliche Verfahrensbeschleunigung ohne weiteres denkbar. Wird eine Geltung des Amtsaufklärungsgrundsatzes auch in Fällen der Verständigung ernst genommen, ist dieser Beschleunigungseffekt indes in vielen Fällen naturgemäß nicht uneingeschränkt – dies dürfte dann jedoch bei einer solchen Interpretation auch gerade so gewollt sein.

---

[249] Ähnlich auch *Kirsch,* StraFo 2010, 96, 101.

D. Fristsetzung für Beweisanträge

I. Grundlagen und Beschleunigungspotential

Der nächste große Teil des Gutachtens befasst sich anknüpfend insbesondere an die Leitentscheidung BGHSt 52, 355 mit der Fristsetzung für Beweisanträge. Vergröbert liegt der Diskussion folgende Konstellation zugrunde:

In einem länger dauernden Strafverfahren kündigt der Vorsitzende am zehnten Verhandlungstag an, die Kammer habe ihr Beweisprogramm nunmehr zu großen Teilen abgeschlossen und setze den Verfahrensbeteiligten eine Frist von zwei Wochen für die Stellung weiterer Beweisanträge. Der Verteidiger des Angeklagten stellt in seinem Abschlussplädoyer einen Hilfsbeweisantrag, welcher in den Urteilsgründen wegen Verschleppungsabsicht (vgl. § 244 III 2 Mod.6) abgelehnt wird. In der Begründung dazu führt die Kammer aus, dass die Nichteinhaltung der gesetzten Frist ein wesentliches Indiz für das Vorliegen der Verschleppungsabsicht sei und dass der Verteidiger auch nicht hinreichend begründet habe, warum er die gesetzte Frist überschreiten musste und deshalb ausnahmsweise keine Verschleppungsabsicht anzunehmen sei.

Dieser zwar sehr spezielle, deshalb aber in der jüngeren Zeit nicht weniger intensiv diskutierte und für die Praxis bedeutsame Fragenkreis fokussiert brennglasartig die schwierige Aussöhnung eines starken Beweisantragsrechts mit dem Beschleunigungsgebot, welches in diesem Kontext von vornherein praktisch immer nur in seiner verfahrensökonomischen Dimension in Rede steht. Dass der Konflikt zwischen effektiver Ausübung von Verfahrensrechten und verfahrensökonomischem Beschleunigungsgebot hier besonders virulent ist, erhellt leicht aus der Tatsache, dass das Beweisantragsrecht einerseits das effektivste Mittel zur Einflussnahme der Verteidigung auf die Tatsachenfeststellung und zur Mitbestimmung des Prozessstoffes ist, andererseits aber auch immer wieder als missbrauchanfälligstes Instrument in den Händen vermeintlicher Konfliktverteidiger betrachtet wird. Zusätzliche Beweisaufnahme bedeutet – zumal bei nicht präsenten Beweismitteln – notwendig „Entschleunigung“ des Verfahrens; Einschränkungen des Beweisantragsrechts dagegen führen zumindest abstrakt betrachtet zur Verfahrensbeschleunigung.

Ein signifikantes Beschleunigungspotential besteht (und zwar im einzelnen Verfahren wie auch gemessen an der Gesamtheit der Verfahren) freilich nur dann, wenn die Einschränkungen des Beweisantragsrechts relativ weit gehen. Wird z.B. in engen Fallgruppen ein einzelner Ablehnungsgrund der §§ 244, 245 einmal weiter verstanden, ist dies für die meisten Verfahren gänzlich irrelevant und betrifft in anderen möglicherweise nur einen einzigen Beweisantrag. Ist eine wirklich spürbare Beschleunigung beabsichtigt, so müssen die Einschränkungen weitergehen bzw. allgemeingültiger sein, was aber selbstverständlich zugleich ein schwerer wiegenden Eingriff in das durch den Grundsatz des rechtlichen Gehörs auch verfassungsrechtlich abgesicherte Beweisantragsrecht bedeutet. Um dies noch näher zu illustrieren, soll einer ausführlicheren Diskussion des „Fristsetzungsproblems" (unten III) eine Einordnung der Fallgruppe in den größeren Kontext „Beweisantragsrecht und Verfahrensbeschleunigung" vorangehen (sogleich II.).

II. Einordnung in den Kontext „Beweisantragsrecht und Verfahrensbeschleunigung"

1. Prozessverschleppung als Ablehnungsgrund, § 244 III 2 Mod. 6, 245 II 3 Mod. 5

a) Der einfachste Fall, in dem das Beweisantragsrecht zu Beschleunigungszwecken eingeschränkt wird, ist der Ablehnungsgrund der Verschleppungsabsicht nach §§ 244 III 2 Mod. 6 bzw. 244 II 3 Mod. 5. Dieser Zusammenhang wird in der reichsgerichtlichen Rechtsprechung deutlich, die durch die Kodifizierung der richterrechtlich geprägten Ablehnungsgründe in den Jahren 1926 bzw. 1935 Eingang in die StPO gefunden hat,[250] wenn es dort heißt: „Allerdings muss es eine Schutzwehr dagegen geben, daß nicht die Erledigung einer Strafsache vereitelt, daß nicht das dem Angeklagten in § 244 eingeräumte formelle Recht durch Heranziehung von Urkunden oder anderen Gegenständen, von Zeugen und Sachverständigen, welche Beweismittel für die vorliegende Sache überhaupt nicht sind und sein können, lediglich zum Verschleiße des Prozesses Schikanös gemißbraucht werde".[251]

b) Nach im Ausgangspunkt gesicherter Rechtsprechung[252] ist die Ablehnung wegen Verschleppungsabsicht an die drei Voraussetzun-

[250] Vgl. Gesetz zur Abänderung der Strafprozessordnung vom 27. 12. 1926, RGBl I, S. 529, sowie Gesetz zur Änderung des Strafverfahrens und des Gerichtsverfassungsgesetzes vom 28. 6. 1935, RGBl I, S. 845.

[251] So bereits die Formulierung im RGSt 1, 241, 242, 243.

[252] Vgl. bereits RGSt 12, 335; 20, 206, 207; ferner für die Rechtsprechung des Bundesgerichtshofs BGH NJW 1958, 1789; BGHSt 21, 118; 29, 149, 151; BGH NStZ 1992, 551.

gen der (objektiv) fehlenden Sachdienlichkeit, der verschleppenden Wirkung sowie der (subjektiven) Verschleppungsabsicht gebunden. Dass dabei für die Prognoseentscheidung, ob die Erhebung auf keinen Fall etwas Sachdienliches hervorbringen kann, ausnahmsweise das Verbot der antizipierten Beweiswürdigung außer Kraft gesetzt ist,[253] zeigt, wie wichtig den Gerichten die Bekämpfung von Verfahrensverzögerungen ist.

Die Anforderungen an die verschleppende Wirkung sind im Detail umstritten. Die h.M. freilich geht jedenfalls davon aus, dass diese eine „erhebliche" sein muss,[254] wobei auch das Verständnis dieses unbestimmten Rechtsbegriffs innerhalb der Judikatur des Bundesgerichtshofs umstritten ist.[255] In der Entscheidung BGHSt 52, 355 wird offen gelassen, ob die Anforderungen an die „erhebliche Verfahrensverzögerung" nicht zurückzunehmen sind,[256] und auch *Fischer* als Richter des 2. Strafsenats betont in seiner Kommentierung des Beweisantragsrechts im Karlsruher Kommentar auffällig, dass die vergleichsweise strengen Anforderungen an die zu erwartende Verfahrensverzögerung nur „bisher" von der Rechtsprechung gestellt wurden.[257]

Würde man hier auch eine geringfügige oder sogar jede nachweisbare Verzögerung des Verfahrensabschlusses[258] genügen lassen, hätte dies zur Folge, dass die Zurückweisung eines Beweisantrags wegen Verschleppungsabsicht auch dann möglich ist, wenn im Einzelfall durch diese Maßnahme kein erheblicher Beschleunigungserfolg eintreten kann. Gleichzeitig könnte jedoch aufgrund des gestiegenen Anwendungsbereichs in der Summe der Prozesse ein größeres Beschleunigungspotential entstehen. Anders gewendet: Eine insoweit „aufgeweichte" Rechtsprechung würde § 244 III 2 Mod. 6 bzw. § 245 II 3 Mod. 5 aus dem Kontext krasser Missbrauchsfälle[259] näher in den Bereich „technischer Verfahrensstraffung aus verfahrensökonomischen Gesichtspunkten" rücken.

Neben diesen objektiven Voraussetzungen ist subjektiv das Bewusstsein des Antragstellers erforderlich, durch die begehrte Beweiserhebung eine für ihn günstige Wendung des Verfahrens nicht herbeiführen zu können, so dass es ihm ausschließlich auf die Pro-

---

[253] Vgl. BGHSt 21, 118, 120ff.; *Meyer-Goßner*, § 244 Rn. 68; KK-*Fischer*, § 244 Rn. 128.

[254] Vgl. BGH NJW 1958, 1789.

[255] Nachweise etwa KK-*Fischer*, § 244 Rn. 175ff. sowie bei SK-StPO/*Frister*, § 244 Rn. 169.

[256] Vgl. BGHSt 52, 355, 360f., sowie auch schon BGHSt 51, 333, 342 und BGH StV 2008, 9, 10. Zustimmend SK-StPO/*Frister*, § 244 Rn. 170f.

[257] Mehrfach in diesem oder einem ähnlichen Sinne KK-*Fischer*, § 244 Rn. 175ff.

[258] So in seiner Kommentierung der Vorauflage KK-*Herdegen* (5. Aufl. 2003), § 244 Rn. 87.

[259] Zur Einordnung der Verschleppungsabsicht als Fall der Missbrauchsabwehr vgl. etwa *Eschenhagen*, Mißbrauch, S. 105; *Kudlich*, Mißbrauchsverbot, S. 32f.

zessverschleppung ankommen muss.[260] Die Kasuistik zum Vorliegen dieser Verschleppungsabsicht ist durch diverse, nicht immer einheitlich gehandhabte Indizien geprägt,[261] was die Anwendung für die Tatgerichte durchaus diffizil macht.

c) Knapp zusammengefasst ist die Ablehnung von Beweisanträgen wegen Verschleppungsabsicht also eine Ausprägung des Beschleunigungsgrundsatzes im Beweisantragsrecht und macht einerseits sehr deutlich, dass der Gesetzgeber jedenfalls missbräuchliche Verschleppungen nicht dulden möchte, wirft andererseits aber die Frage auf, ob über diese Vorschrift hinaus der Beschleunigungsgrundsatz – insbesondere dann, wenn kein dysfunktionales Prozessieren vorliegt – legitimerweise in großem Umfang Berücksichtigung finden kann. Die Bedeutung der Vorschrift dürfte trotz der traditionell engen Anwendung aufgrund ihrer präventiven Wirkung nicht zu unterschätzen sein; eine in jüngerer Zeit angedeutete Erweiterung ihres Anwendungsbereichs kann wohl als Isolierung des Beschleunigungsgedankens vom Gedanken des Verbots missbräuchlichen Verhaltens gedeutet werden.

2. Das Beschleunigungsgebot als auslegungsleitendes Kriterium bei anderen Ablehnungsgründen

a) In der Diskussion um Aufklärungspflicht und Beweisantragsrecht ist der Beschleunigungsgrundsatz aber auch jenseits der Verschleppungsabsicht bedeutsam. Dies gilt (und zwar tendenziell in den letzten Jahre verstärkt) wenig überraschend bei solchen Ablehnungsgründen, die in einem bestimmten Abhängigkeits- oder aber Spannungsverhältnis zur Dauer des Verfahrens stehen. Konkreter: Während etwa die isolierte Betrachtung, ob ein Beweismittel wegen Offenkundigkeit überflüssig oder inhaltlich völlig ungeeignet ist, mit der Beschleunigung erst einmal keine Berührungspunkte hat, ist insbesondere seine „Erreichbarkeit“ durchaus von der zeitlichen Dimension abhängig, innerhalb derer diese gewährleistet werden soll. Darüber hinaus hängen aber auch die tatsächlichen Möglichkeiten dessen, was „idealerweise“ aufgeklärt werden kann (und was damit den Maßstab für § 244 II bildet), davon ab, wie lange man sich dafür theoretisch Zeit zu nehmen bereit ist. Die allgemeine Aufklärungspflicht des § 244 II, aber auch der Ablehnungsgrund bei Auslands-

---

[260] Vgl. nur mit zahlreichen weiteren Nachweisen *Spiekermann*, Mißbrauch, S. 102; zusammenfassend etwa HK-*Julius*, § 244 Rn. 37; KK-*Fischer*, § 244 Rn. 179.

[261] Vgl. nur *Eschenhagen*, Mißbrauch, S. 114ff.; KK-*Fischer*, § 244 Rn. 180f.

zeugen nach § 244 V 2, der auf diese rekurriert,[262] sind daher von einer zeitlichen Komponente abhängig und laufen Gefahr, durch ein rigides Verständnis des Beschleunigungsgrundsatzes beeinflusst zu werden.

Nur ergänzend sei angemerkt, dass der Zusammenhang zwischen Beweisantragsrecht und Beschleunigungsgrundsatz auch an anderer Stelle vom Gesetzgeber durchaus gesehen bzw. hergestellt wird: Das in seiner heutigen Fassung durch das Verbrechensbekämpfungsgesetz[263] als besondere Verfahrensart ausgestaltete beschleunigte (!) Verfahren der §§ 417ff. bindet vor dem Strafrichter durch die etwas unscheinbare Vorschrift des § 420 IV die Ablehnung von Beweisanträgen nicht an die engen Ablehnungsgründe der §§ 244, 245, sondern nur an die Ausübung der Amtsaufklärungspflicht nach § 244 II.[264]

b) Die Rechtsprechung der vergangenen ca. zehn Jahre liefert reiches Anschauungsmaterial für die Bedeutung des Beschleunigungsgrundsatzes bei der Ablehnung von Beweisanträgen auch jenseits der Verschleppungsabsicht: So billigten etwa das OLG München[265] sowie der 2. Strafsenat des BGH[266] die Zurückweisung eines Beweisantrags wegen Unerreichbarkeit des Beweismittels explizit unter Berücksichtigung des Beschleunigungsgrundsatzes. Wenngleich vom umgekehrten Ergebnis her in die gleiche Richtung weist eine Entscheidung des OLG Hamburg,[267] wenn sie eine vom Tatgericht angenommene Unerreichbarkeit des Beweismittels als „trotz Berücksichtigung des Beschleunigungsgrundsatzes“ rechtsfehlerhaft erachtet. Für den oben bereits genannten Fall des Auslandszeugen zieht der 1. Strafsenat für die Bestimmung des Umfanges des nach § 244 V 2 dort „nur“ geltenden Maßstabs der Amtsaufklärungspflicht explizit ebenfalls den Beschleunigungsgrundsatz heran.[268]

Ein Beispiel außerhalb des Systems der Ablehnungsgründe für Beweisanträge im engeren Sinn bildet eine Entscheidung des 1. Straf-

---

262 Vgl. aber zum spezifischen Verständnis der Aufklärungspflicht in diesem Zusammenhang (auch unter Berücksichtigung neuer Techniken wie audiovisuelle Vernehmungen) HK-*Julius*, § 244 Rn. 36.

263 BGBl. 1994 I, S. 3186.

264 Dass dies auch im ebenfalls auf Verfahrensbeschleunigung ausgerichteten Strafverfahren im Rahmen der Entscheidung über den Einspruch der Fall ist, ergibt sich aus § 411 II 2 – prozessrechtspolitisch hier sicherlich ein größeres Skandalon als bei § 420 selbst, da über einen völlig versteckten Verweis für eine Vielzahl von Verfahren das Beweisantragsrecht praktisch ausgehöhlt wird.

265 Vgl. NStR-RR 2007, 50.

266 Vgl. BGH NStZ 2005, 44.

267 Vgl. StV 2009, 9.

268 Vgl. BGH NJW 2001, 695, 696. „Der Umfang der Aufklärungspflicht kann im Einzelfall wegen des Gebots, das Verfahren beschleunigt und mit prozesswirtschaftlich vertretbarem Aufwand zu erledigen [nebenbei: Diese Formulierung beschreibt passgenau den Gedanken einer „verfahrensökonomischen Dimension des Beschleunigungsgrundsatzes“ – H.K.], unterschiedlich weit sein“.

senats,[269] in welcher die Zurückweisung eines Aussetzungsantrags gebilligt wird, den der Angeklagte gestellt hatte, um das Ergebnis einer verwaltungsgerichtlichen Anfechtung der ministeriellen Sperrerklärung hinsichtlich eines V-Mannes (vgl. § 96) abzuwarten. Die beiden wesentlichen Abwägungsgesichtspunkte für die Entscheidung über den Aussetzungsantrag sieht der Senat in „Wahrheitsermittlung einerseits, Verfahrensbeschleunigung andererseits". Ein anderes Exempel liefert schließlich eine relativ junge Entscheidung des 2. Strafsenats,[270] in welcher der Austausch eines vom Beweisantrag erfassten Beweismittels gegen ein anderes gebilligt wird, ohne dass der Beweisantrag auch nur beschieden wurde. In der Sache mag dies im konkreten Fall[271] zwar überzeugend gewesen sein. Gleichwohl ist es zumindest interessant (wenn nicht sogar irritierend), dass der Senat hier offenbar davon ausgeht, als Ausfluss des Beschleunigungsgrundsatzes könne das im Beweisantrag genannte Beweisprogramm ausgetauscht werden, ohne dafür eine (vorliegend aus Sachgesichtspunkten durchaus mögliche) Begründung zu liefern.

c) Zusammenfassend und notwendig vergröbernd lässt sich also auch im Beweisantragsrecht jenseits der Verschleppungsabsicht eine große und tendenziell steigende Bedeutung des Beschleunigungsgrundsatzes konstatieren. Dabei ist auffällig, dass der Beschleunigungsgrundsatz (der hier ersichtlich nur in seiner verfahrensökonomischen Dimension gemeint ist, auch wenn dies nicht immer hinreichend deutlich zum Ausdruck kommt) als Abwägungstopos der Wahrheitsermittlung gegenüber gestellt wird[272] – und zwar insbesondere dem Ausschnitt aus der Wahrheitsermittlung, welcher auf der durch das Beweisantragsrecht garantierten Teilhabe des Beschuldigten an diesem Prozess beruht.

3. Weitergehende Maßnahmen bei fortgesetztem Missbrauch des Beweisantragsrechts

a) Noch weiter reichende Eingriffe in das Beweisantragsrecht als die Ablehnung einzelner Beweisanträge nimmt die Rechtsprechung

---

[269] Vgl. BGH StraFo 2007, 25.

[270] Vgl. BGH NStZ 2008, 529.

[271] In welchem der exakte Zeitpunkt einer Anzeigeerstattung festgestellt werden sollte, die in dem als Beweismittel herangezogenen Anzeigeformular möglicherweise aussagekräftiger niedergelegt ist als in der Erinnerung des Zeugen, dessen persönliche Vernehmung begehrt worden war.

[272] Vgl. auch KK-*Fischer*, § 244 Rn. 160 („Abwägung der [...] Relevanz der Zeugenaussage für die Wahrheitsfindung einerseits und des Interesses an der zügigen Durchführung des Verfahrens").

in Fällen vor, in denen (insbesondere bei fortgesetztem Missbrauch des Beweisantrags) das zukünftige Stellen solcher Anträge eingeschränkt bzw. von besonderen, im Gesetz sonst nicht vorgesehenen Bedingungen abhängig gemacht wird. Leitentscheidung ist hier das berühmte Judikat BGHSt 38, 111, das zugleich „die" neuere Leitentscheidung zum ungeschriebenen Missbrauchsverbot im Strafverfahrensrecht darstellt.[273] In der Sache ging es um einen Fall, in dem das Tatgericht das weitere Stellen von Beweisanträgen dem Angeklagten selbst untersagt und nur noch über seinen Verteidiger gestattet hatte, nachdem zuvor viele Monate lang fast nur Beweisanträge entgegengenommen und beschieden (sowie in 106 Fällen mit detaillierter Begründung abgelehnt) worden waren und der Angeklagte mehrere Tausend weiterer Anträge angekündigt hatte.

b) Die Entwicklung der Rechtsprechung zur Einschränkung des Beweisantragsrechts beginnt freilich nicht mit dieser Entscheidung. So hatte etwas mehr als zehn Jahre vorher der 5. Strafsenat[274] noch judiziert, weder der Vorsitzende noch das Gericht seien befugt, die Entgegennahme von Anträgen eines Verteidigers, der seine Antragsrechte missbrauche, schlechthin und von vornherein abzulehnen. Eine solche Beschränkung sei „in jedem Falle unzulässig". Davon wendet sich 4. Strafsenat zwar nicht etwa vollständig ab, da das Stellen von Beweisanträgen nicht vollständig untersagt, sondern nur mit einem obligatorischen „Filter" in Gestalt des Verteidigers versehen worden ist – gleichwohl macht die Entscheidung deutlich, dass der 4. Senat dem Gedanken eines ungeschriebenen Missbrauchsverbotes positiver gegenüber steht. Die Rechtsprechung aus BGHSt 38, 111 ist dann in der Folgezeit etwa auch vom BayObLG in einer Entscheidung im Jahre 2004 aufgegriffen und bestätigt worden.[275]

Inhaltlich dürfte die Linie der beiden jüngeren Entscheidungen – jedenfalls unter Berücksichtigung der in ihnen genannten engen Voraussetzungen – durchaus begrüßenswert sein. Dass in extremen Fällen (man denke an die 8.500 Beweisanträge in der Entscheidung BGHSt 38, 111!) eine Art „prozessuales Notrecht" bestehen muss, hat eine gewisse plakative Evidenz *prima facie*.[276] Aber auch dogmatisch und methodisch erscheint das Ergebnis interessengerecht, wenn man berücksichtigt,[277]

---

[273] Vgl. zu dieser Entscheidung auch *Hamm*, NJW 1993, 289ff.; *Scheffler*, JR 1993, 170f.; *Widmaier*, NStZ 1992, 519ff.; ferner *Kudlich*, Mißbrauchsverbot, S. 275ff.

[274] Vgl. BGH JR 1980, 218.

[275] Vgl. BayObLG NStZ 2004, 647 m. Anm. *Kudlich*, HRRS 2005, 10ff.

[276] Vgl. auch näher unten S. 80ff.

[277] Zu den näheren generellen Anforderungen an das Eingreifen eines unterschriebenes Missbrauchsverbotes vgl. auch nochmals näher unten 80ff., 88f.

- dass innerhalb der Systematik der §§ 244 ff. die Entziehung bzw. zukünftige Beschränkung des Beweisantragsrechts überhaupt nicht angesprochen und damit auch nicht abschließend abweichend geregelt ist,
- dass der Zweck der §§ 244 ff. gerade in der Teilhabe an der Sachverhaltsaufklärung innerhalb eines auf den Abschluss des Verfahrens gerichteten Prozesses liegt und damit auch das Beweisantragsrecht des Angeklagten in einem bestimmten Sinne funktional gebunden ist, und
- dass im vorliegenden Fall die Missbrauchsreaktion nicht nur mit dem Gegenstand des Missbrauchs korrespondiert, sondern ersichtlich auch bemüht ist, den Verhältnismäßigkeitsgrundsatz zu berücksichtigen.[278]

c) Dies alles ändert nichts daran, dass eine Beschränkung des zukünftigen Beweisantragsverhaltens in der Eingriffsintensität weit geht und als im Gesetz nicht einmal angedeutete Maßnahme naturgemäß auch Kritiker auf den Plan ruft. Ungeachtet der Frage, ob diese Kritik überzeugt, ist mit Blick auf die hier interessierende Frage des Zusammenspiels zwischen Beschleunigungsgrundsatz und Beweisantragsrecht zu vermerken (und kann gar nicht genug betont werden), dass die Maßnahme auf Fälle krassen Missbrauchs beschränkt war und nicht allgemeinen „verfahrenstechnischen Verschlankungen“ diente. Dies änderte sich dann erst über mehrere „Zwischenschritte“, die dann in die hier vertieft behandelte Entscheidung BGHSt 52, 355 einmünden.

III. Kritische Würdigung der Rechtsprechung zur Fristsetzung

1. Entwicklung der Rechtsprechung und Aufnahme in der Literatur

a) Die Rechtsprechung zur Fristsetzung für Beweisanträge stellt sich letztlich also nur als Ausschnitt[279] aus dem größeren Problemkreis „Beweisantragsrecht und Beschleunigungsgebot“ dar. Wie bereits unter II. angedeutet, muss eine kurze Beschreibung der Entwicklungslinien zumindest folgende wichtige Stationen benennen:[280]

---

[278] Vgl. zum ganzen auch *Kudlich*, Mißbrauchsverbot, S. 161 f, 176 f.

[279] Und auch als ein nicht untypischer insofern, als in der neueren Entwicklung neben der Abwehr krasser verschleppender Missbrauchsfälle auch die allgemeine Verfahrensverschlankung ins Blickfeld gerät.

[280] Übersichtlich und knapp zusammengefasst auch bei *König*, StV 2009, 171.

- Den Beschluss des 5. Strafsenats aus dem Jahr 2005,[281] in welchem zwar die Möglichkeit einer Fristsetzung in Betracht gezogen wurde, die „Sanktion“ für ein Überschreiten der Frist aber noch vergleichsweise moderat und zurückhaltend nur darin gesehen wurde, dass nach Ablauf der Frist gestellte Beweisanträge abweichend von § 244 VI nicht nur durch gesonderten Gerichtsbeschluss, sondern erst in den Urteilsgründen beschieden werden konnten.

Insoweit liegt hier noch keine Ausweitung des § 244 III 2 Nr. 6 und auch nur ein vergleichsweise geringer Eingriff in die Prinzipien des § 246 I vor. Der Schwerpunkt der Maßnahme liegt in einer einschränkenden Anwendung des § 244 VI. Zudem betonte der 5. Strafsenat damals noch, dass eine derartige Maßnahme auf Hauptverhandlungen beschränkt sein solle, die durch prozessverschleppende Beweisanträge zu diesem Zeitpunkt bereits „extrem verzögert“ worden sind.[282]

- Ein *obiter dictum* des 1. Strafsenats zwei Jahre später, nach dem der Vorsitzende nach Abschluss der Beweisaufnahme aus Sicht des Gerichts eine Frist für etwaige Beweisanträge stellen kann, nach deren Ablauf eine Indizwirkung dafür besteht, dass der Antrag nur der Verzögerung des Verfahrens dient, sofern kein nachvollziehbarer Anlass für ihn ersichtlich bzw. dargetan wird.[283]

Neben der deutlich weitergehenden Rechtsfolge – nicht nur Bescheidung im Urteil statt durch Beschluss, sondern maßgebliches Indiz für das Vorliegen einer Verschleppungsabsicht und damit erhöhter Rechtsfertigungsdruck auf den Antragsteller – weicht der 1. Strafsenat hier auch dadurch vom moderaten Vorschlag des 5. Strafsenats ab, dass er ein solches Verfahren bereits bei „namentlich“ (d. h. also keineswegs ausschließlich)[284] länger dauernden Verfahren für möglich hält, ohne dass bis dahin auch schon ein (gar massiver) Missbrauch stattgefunden haben müsste. Im letztgenannten Punkt unterscheidet sich die Entscheidung auch von einem im Übrigen ähnlichen „Fristsetzungsmodell“, das der 3. Strafsenat wenig später für möglich erachtet hat.[285]

- Der Ausbau zur Leitentscheidung des 1. Senats vom 23. 9. 2008[286] mit weiterer Präzisierung dahingehend, dass aus der Sachleitungsbefugnis des Vorsitzenden zugleich auch die Befugnis zu einer solchen Fristsetzung erwachse, deren Nichteinhaltung dann maßgeblich in die Abwägung hinsichtlich des Vorliegens einer Verschleppungsabsicht nach § 244 III 2 Mod. 6 einbezogen werden könne.

Dabei werden im konkreten Fall auch schon vergleichsweise geringfügige Verzögerungen (etwa um einen Hauptverhandlungstag) als „wesentlich“ im Sinne der Ver-

[281] BGH StV 2006, 113.

[282] Im damals entschiedenen Fall etwa bis zum fristsetzenden Beschluss fast zwei Jahre, innerhalb derer über 300 Beweisanträge gestellt worden waren.

[283] Vgl. BGH NStZ 2007, 659 m. Anm. *Beulke/Ruhmannseder*, NStZ 2008, 300 ff.

[284] So auch die Deutung bei *König*, StV 2009, 171.

[285] Vgl. BGH StV 2007, 563.

[286] BGHSt 52, 355 = StV 2009, 64 = NStZ 2009, 169.

schleppungsdogmatik erachtet und in Abkehr von früheren Grundsätzen der Rechtsprechung[287] im Falle von Hilfsbeweisanträgen die Bescheidung erst im Urteil auch dann für möglich gehalten, wenn diese wegen Prozessverschleppung zurückgewiesen werden. Das Recht des Antragstellers, diesem in einem Ablehnungsbeschluss aufgestellten Vorwurf in der Hauptverhandlung noch argumentativ zu entgegnen, wird damit praktisch aufgehoben.

– Die Billigung dieser Rechtsprechung durch das BVerfG in einem Nichtannahmebeschluss zu der gegen die Entscheidung des 1. Senats gerichteten Verfassungsbeschwerde.[288]

b) Die Besonderheit des Fristsetzungsmodells (auch gegenüber anderen oben unter II. geschilderten Maßnahmen) liegt nun darin, dass davon nicht nur allgemein das in seinen Details in der StPO nur rudimentär geregelte Beweisantragsrecht betroffen ist, sondern dass auch die unzweideutige Vorschrift des § 246 I tangiert ist, nach dem eine „Beweiserhebung nicht deshalb abgelehnt werden darf, weil das Beweismittel oder die zu beweisende Tatsache zu spät vorgebracht worden sei". Daraus ergibt sich sehr klar, dass ein Beweisantrag nicht zurückgewiesen (bzw. seine Verbescheidung verweigert) werden darf, weil er vermeintlich „verspätet" gestellt worden ist. Die Vorschrift macht in ihrer Klarheit und Entschiedenheit aber auch deutlich, dass nicht nur die bloße (gleichsam „nicht vorher angedrohte") Zurückweisung des Beweisantrags mit dem Argument der „Verspätung" nicht erlaubt ist („keine Präklusion des Beweisantragsrechts"), sondern dass selbstverständlich auch eine gerichtliche Fristsetzung nicht dazu führen kann, dass allein wegen der Nichteinhaltung der Frist dem Beweisantrag nicht nachgegangen werden muss. Könnte § 246 I so einfach umgangen werden, so wäre er das Papier nicht wert, auf dem er steht.

Insofern verwundert nicht, wenn der 1. Senat betont, dass die Nichteinhaltung der Beweisantragsfrist zu keinem Automatismus bei der Ablehnung führe, sondern dass es auch gegen das daraus erwachsende Indiz die Möglichkeit der Verteidigung gegen den Verschleppungsvorwurf (etwa in der Antragsbegründung) gebe. Aus diesem Grund liege auch – so betont der Senat – kein Verstoß gegen die (hier eng und formal verstandene) Vorschrift des § 246 I vor. Ungeachtet dieser Bemühungen wird die Entscheidung in der Literatur überwiegend kritisch bewertet. Dies gilt nicht nur für Anmerkungen aus dem Kreis der Strafverteidiger,[289] sondern auch für Stellungnah-

---

[287] Vgl. etwa BGHSt 22, 124 f.; BGH NStZ 1986, 372; BGH StV 1990, 394; BGH NStZ 198, 207 m. Anm. *Sander*.

[288] BVerfG NJW 2010, 592 = NStZ 2010, 155. Auch 5. Strafsenat hat im Übrigen Sympathie für das Fristsetzungsmodell gezeigt, vgl. BGH StV 2009, 581; anders dagegen der 4. Senat bereits in BGH StV 2009, 5.

[289] Vgl. etwa *König*, StV 2009, 171.

men aus der Strafprozessrechtswissenschaft,[290] und zwar selbst von solchen Wissenschaftlern, die als (gegenwärtige oder ehemalige) Richter im zweiten Hauptamt einer einseitigen und unreflektierten Kritik an den Bedürfnissen der Justiz gewiss nicht *a priori* verdächtigt sind.[291]

Die Kritik knüpft im Wesentlichen am Verständnis der drei hauptsächlich betroffenen Vorschriften (§ 238 – § 244 III 2 Mod. 6 – § 246 I) an:

- Mit Blick auf die Ableitung der Fristsetzungsbefugnis aus § 238 I spricht *Gaede* kritisch von einer „disziplinierenden Sachleitung" und betont, dass auch aus dem Blickwinkel des § 238 das Beweisantragsrecht „nicht neu erfunden werden kann".[292] Zu Recht wird ferner darauf hingewiesen, dass weniger die spezielle und inhaltsreiche Vorschrift des § 246 I aus dem Blickwinkel des unbestimmten § 238 I heraus konturiert werden darf, sondern dass vielmehr § 246 I der Sachleitungsbefugnis Grenzen setzen müsse.[293] *Fezer* kritisiert die Gleichstellung einer solchen Fristsetzung mit rein organisatorischen Gestaltungsmaßnahmen in der Hauptverhandlung,[294] und *König* weist darauf hin, dass die Prozessleitungsbefugnis des § 238 I voraussetzungslos ist, so dass auch die Voraussetzungen für daraus abgeleitete Beschränkungen des Beweisantragsrechts letztlich nicht vorhersehbar[295] und damit willkürlich seien.[296]
- Mit Blick auf § 244 III 2 Mod. 6 ist die Kritik zwangsläufig eine weniger grundsätzliche, da es hier nicht um ein geändertes Verständnis als vielmehr um das Vorliegen der Voraussetzungen im Einzelfall geht.[297] Hinzu kommt, dass – in einigen kritischen Stel-

[290] Vgl. etwa *Beulke/Ruhmannseder*, NStZ 2008, 300 (zur Entscheidung BGH StV 2007, 454 = NStZ 2007, 659); *Eidam*, JZ 2009, 318; *Gaede*, NJW 2009, 608; SK-StPO/*Frister*, § 244 Rn. 178 (soweit die Frist ohne Anlass gesetzt worden ist; sonst vorsichtig zustimmend Rn. 177). Positiver dagegen *Schneider* in einem referierten Diskussionsbeitrag bei *Eidam*, in: Jahn/Nack (Hrsg.), Wer regelt das Strafrecht?, S. 92, 96f., durchaus in der Konsequenz seiner Kommentierung des § 238 im Karlsruher Kommentar.

[291] Vgl. etwa *Jahn*, JuS 2009, 372; *ders.*, StV 2009, 663, 665ff.; *Fezer*, HRRS 2009, 17.

[292] Vgl. *Gaede*, NJW 2009, 608.

[293] Vgl. allgemein zum Gedanken des größeren „Inhaltsreichtums" einer Regelung als Argument für die Lösung von vermeintlichen Normkonflikten *Sieber*, Roxin-FS, S. 1113ff.

[294] Vgl. *Fezer*, HRRS 2009, 17, 18.

[295] Zu diesem Gedanken auch *Gaede*, NJW 2009, 608.

[296] Vgl. *König*, StV 2009, 171, 172.

[297] Freilich wird auch hier Kritik an der Abweichung von der bisherigen Rechtsprechung geübt, wonach auch bei Hilfsbeweisanträgen die Ablehnung wegen Verschleppungsabsicht durch Gerichtsbeschluss zu erfolgen hatte, vgl. *König*, NStV 2009, 171, 173.

lungnahmen „unterschlagen" – die Missachtung der Fristsetzung „nur" ein Indiz für die Verschleppungs*absicht* als subjektives Element sein soll und eine Zurückweisung des Beweisantrags nur möglich ist, wenn u.a. objektiv nichts Sachdienliches zu erwarten ist.[298] Freilich darf damit die Entscheidung auch nicht „verharmlost" werden. Denn die Hürden für das Urteil der objektiv fehlenden Sachdienlichkeit sind nicht überwindbar hoch, da sie anders als der Ablehnungsgrund der völligen Ungeeignetheit eine Beweisantizipation zulässt und das Gericht dem Gedanken an eine Ablehnung ohnehin v.a. dann nahe treten wird, wenn es subjektiv-antizipierend Zweifel an der Ergiebigkeit der Beweisaufnahme hat (die sonst aber eben nicht als Ablehnungsgrund ausreichen).

- Soweit es dagegen um die Frage geht, inwiefern aus einer solchen Fristsetzung ein Indiz für das Vorliegen der Verschleppungsabsicht abgeleitet werden kann, ist Anknüpfungspunkt der Kritik stärker als § 244 III 2 Mod. 6 selbst das enge Verständnis des § 246 I: Hier wird – im Ergebnis überzeugend – moniert, dass mit dem Konstrukt, „verspätete" Beweisanträge zwar nicht „nicht entgegenzunehmen", die „Verspätung" aber als gewichtiges Indiz einer Verschleppungsabsicht zu betrachten, § 246 I nur formal berücksichtigt wird.[299] Sinn des § 246 I sei nämlich auch, gerade eine klare Aussage darüber zu treffen, wie lange Beweisanträge gestellt werden können,[300] und die kann dann nur lauten: Bis zum Beginn der Urteilsverkündung gibt es schlicht kein „Zu-spät".[301] Ferner kann in § 246 I auch durchaus der Zweck hineingelesen werden, dass v.a. die Verteidigung nicht gezwungen sein soll, aus taktischen Gründen zurückgehaltene Beweismittel frühzeitig zu benennen bzw. offen zu legen, warum welcher Beweisantrag wann gestellt wird.[302]

All diese Zwecke des § 246 I werden aber mehr oder weniger konterkariert, wenn sich der Verteidiger aus Furcht, ins offene Messer der Verschleppungsabsicht zu laufen, letztlich doch vorsorglich an diese Frist hält.[303] Hinzu kommt, dass auf eine Präklusion im Beweisrecht (wie sie ja etwa im Zivil- oder Verwaltungsgerichtsverfahren durchaus bekannt ist) trotz entsprechender Initiativen vom Gesetzgeber in der Vergangenheit letztlich verzichtet worden ist,[304] was umso mehr den Eindruck nährt, dass es sich – jenseits der Frage, ob dieses Vorgehen im Ergebnis überzeu-

---

[298] Vgl. nochmals oben S. 69f.

[299] Vgl. *Eidam*, JZ 2009, 318, 319; *Fezer*, HRRS 2009, 17; *Gaede*, NJW 2009, 608; *Jahn*, JuS 2009, 372, 373; vgl. auch *Beulke/Ruhmannseder*, NStZ 2008, 300, 302 („verkappte Präklusion") zur Vorläuferentscheidung.

[300] Vgl. *Eidam*, JZ 2009, 318, 319f.; *Gaede*, NJW 2009, 608.

[301] Vgl. *Eidam*, JZ 2009, 318, 320; *Fezer*, HRRS 2009, 17f.

[302] Vgl. *König*, StV 2009, 171, 172.

[303] Vgl. *Gaede*, NJW 2009, 608.

[304] Vgl. *Fezer*, HRRS 2009, 17, 18f.; *Jahn*, JuS 2009, 372, 373.

gend ist oder nicht – um eine in dieser Form nicht zulässige richterliche Rechtsfortbildung handelt.[305]

2. *Beurteilung im größeren Zusammenhang der Missbrauchsdiskussion*

a) So eindeutig mithin ist, dass eine Verspätung „schlechthin" ebenso wie der Verstoß gegen eine vom Gericht gesetzte Frist *allein keine Gründe* für die Zurückweisung eines Beweisantrags sein können, so deutlich macht die StPO in §§ 244 III 2 Mod. 6, § 245 II 3 Mod. 5 andererseits, dass sie Verfahrensverzögerung durch das Beweisantragsrecht nicht uneingeschränkt hinzunehmen bereit ist. Diese Regelungen als plakative „spezielle Missbrauchsklauseln"[306] sowie der unter II. deutlich gewordene allgemeine Zusammenhang zwischen „Beschleunigungsgrundsatz im Beweisantragsrecht" und Missbrauchsvorwurf lassen es angezeigt erscheinen, die Fristsetzungsproblematik noch etwas näher aus dem Blickwinkel einer „allgemeinen Dogmatik" eines strafprozessualen Missbrauchsverbots[307] zu beleuchten,[308] dessen Geltung und dessen Voraussetzungen freilich gleichermaßen umstritten sind.[309]

b) Wie bereits erwähnt, sind der – tatsächliche oder zumindest von den Tatgerichten so empfundene – Missbrauch des Beweisantragsrechts sowie etwaige Remeduren ein Thema, das die Rechtsprechung schon lange und immer wieder beschäftigt hat.[310] Versucht man, die Diskussion etwas näher zu strukturieren, so zeichnen sich drei grundsätzliche Fragen ab:

---

[305] Vgl. auch *Eidam*, JZ 2009, 318, 320; *Jahn*, StV 2009, 663, 668f.; *Gaede*, NJW 2009, 608; *König*, StV 2009, 171, 173.

[306] Vgl. zu solchen in der StPO *Kudlich*, Mißbrauchsverbot, S. 29ff.; *Kröpil*, DRiZ 1996, 448ff.; *ders.*, JR 1997, 315ff.; *ders.*, AnwBl 1997, 575ff.

[307] Vgl. zu dieser monographisch insbesondere *Kudlich*, Mißbrauchsverbot, sowie *Fahl*, Rechtsmissbrauch.

[308] Dies gilt natürlich um so mehr, soweit bzw. da die Anknüpfung der „Missbrauchsreaktion" (d.h. hier: der Ablehnung des Beweisvertrags) nur vergleichsweise lose an (d.h. hier: unter zweifelhafter Bejahung der Voraussetzungen des) § 244 III 2 Mod. 6 erfolgt und man in der auf die Sachleitung gestützten Fristsetzung einen Akt der Rechtsfortbildung sieht. Dann wird deutlich, dass wir uns mitten in einer allgemeinen Diskussion um ein ungeschriebenes Missbrauchsverbot befinden.

[309] Vgl. aus jüngster Zeit etwa die Beiträge von *Beulke*, StV 2009, 554ff. und *Pfister*, StV 2009, 550ff., beide auch abgedruckt in Jahn/Nack (Hrsg.), Wer regelt das Strafrecht?, S. 74ff. und 85ff.

[310] Vgl. ergänzend den vorhergehenden Ausführungen auch die Nachweise bei *Abdallah*, Rechtsmißbrauch, S. 39ff.; *Kudlich*, Mißbrauchsverbot, S. 272f.; *Spiekerrmann*, Mißbrauch, S. 107ff.

- Kann ein „Missbrauchsverbot" überhaupt begründet und insbesondere mit Blick auf den Vorbehalt des Gesetzes legitimiert werden?
- Bejahendenfalls:[311] Was sind seine Voraussetzungen?
- Und: Welche Rechtsfolgen kann es (auch in welcher formalen Weise) nach sich ziehen?[312]

aa) Ohne dass der ersten – auch in der einschlägigen Literatur selten in ihren methodischen[313] und verfassungsrechtlichen Dimensionen[314] vertieften – Frage hier angemessen nachgegangen werden könnte, dürfte (aus Sicht des *Verfassers*: zu Recht) verbreitet Konsens darüber bestehen, dass ein ungeschriebenes Missbrauchsverbot auch im Strafprozessrecht nicht von vorneherein ausgeschlossen ist.[315] Sieht man als wesentliches Strukturmerkmal des Missbrauchs den zweckwidrigen Einsatz einer Befugnis, erscheint die grundsätzliche Zulässigkeit einer Missbrauchskontrolle durchaus mit den anerkannten Regeln der Methodenlehre, aber auch mit den meisten Aspekten des Gesetzesvorbehalts (Demokratieprinzip, Gewaltenteilungsgrundsatz und wohl auch Willkürverbot) vereinbar. Dies freilich nur unter der Voraussetzung, dass es dadurch nicht im konkreten Einzelfall zu einem Überspielen des Wortlauts bei einer deutlich als abschließend beabsichtigten Regelung kommt.

Von einer solchen „als abschließend beabsichtigten Regelung" kann indes in dieser Allgemeinheit für das Strafverfahrensrecht keine Rede sein: Zwar geben die *de lege lata* bestehenden missbrauchsrelevanten Vorschriften wohl angesichts ihrer Punktuali-

---

[311] Verneinendenfalls würde sich die Frage stellen: Sollte dies *de lege ferenda* geändert werden? Vgl. dazu näher *Eschenhagen*, Missbrauch, S. 215 ff.

[312] Vgl. zu dieser Fragentrias *Kudlich*, Mißbrauchsverbot, passim, insb. S. 189 ff., 248 ff., sowie *ders.*, NStZ 1998, 588 ff. Die nachfolgenden Ausführungen sind vielfach angelehnt an die Zusammenfassung des Problems bei *Kudlich*, HRRS 2005, 10, 12 f.

[313] Also: Wie ist die Figur des Rechtsmissbrauchs in das (namentlich traditionelle) System der Rechtsfindung einzuordnen? Vgl. hierzu *Christensen/Kudlich* in: Feldner/Forgó (Hrsg.), Norm und Entscheidung, S. 189 ff. So geht etwa *Fahl*, Rechtsmissbrauch, S. 116 ff., insb. 124 ff., davon aus, dass jedes Recht von vornherein nur in den Grenzen seines zweckmäßigen Einsatzes eingeräumt wird, und dürfte damit letztlich einen Fall der teleologischen Auslegung annehmen, während *Weber*, GA 1975, 289, 295, darin einen Sonderfall der teleologischen Reduktion sieht.

[314] Insbesondere: Wie ist die Beschränkung prozessualer Rechte (die häufig Ausfluss des grundrechtlich geschützten rechtlichen Gehörs sind) unter Berücksichtigung des natürlich auch im Strafverfahrensrecht geltenden Vorbehalts des Gesetzes zu legitimieren; vgl. generell zur Vorbehaltsproblematik im Strafverfahren *Krey*, Gesetzesvorbehalt, passim; speziell mit Blick auf die Missbrauchsproblematik näher m. w. N. *Kudlich*, Mißbrauchsverbot, S. 126 ff.; soweit es um die Beschneidung von Rechten speziell des Verteidigers geht, stärker auf Art. 12 I GG abstellend *Jahn*, Konfliktverteidigung, S. 192 ff., 220 f.

[315] Zur Diskussion nochmals *Beulke*, StV 2009, 554 ff. (dort Fn. 3 bis 5 für weitere Nachweise zu Befürwortern eines solchen Verbotes), sowie *Pfister*, StV 2009, 550 ff. (vgl. auch Fn. 309).

tät und ihres jeweils sehr speziellen Regelungsbereichs keine taugliche Analogiebasis her; dem Rückgriff auf einen allgemeinen Rechtsgedanken wie das Missbrauchsverbot stehen aber gesetzliche Einzelausprägungen nicht entgegen, wie insbesondere im Zivilrecht (als dem traditionellen Hauptanwendungsgebiet des Missbrauchsprinzips) deutlich wird.[316] Möchte man dies anders sehen, müsste man konsequenterweise wohl davon ausgehen, dass einem auch noch so krassen Missbrauch – der gewiss nicht den Regelfall bildet, aber eben auch nicht auszuschließen ist – nicht in legaler Weise begegnet werden kann.[317]

bb) Hinsichtlich des tatsächlichen Vorliegens eines Missbrauchs in der konkreten Situation muss geprüft werden, ob die Zweckwidrigkeit ein Maß erreicht, das es gerechtfertigt erscheinen lässt, als Ausnahme von der gesetzlichen Regelanordnung die Ausübung einer prozessualen Befugnis als unzulässig anzusehen[318] oder sie für die Zukunft sogar völlig zu entziehen bzw. einzuschränken. Für die Bestimmung dieser Zweckwidrigkeit ist konkrete Bezugsgröße *nicht* der *Zweck des Strafverfahrens* als Institution oder der Zweck des Strafverfahrens*rechts* insgesamt, sondern stets der Zweck der *jeweils betroffenen Befugnis*. Zwar ist dieser oft durch den Zweck des Verfahrens als Institution mehr oder weniger stark beeinflusst; gleichwohl kann nur das Anknüpfen an der Einzelbefugnis zu überzeugenden Ergebnissen führen. Dies ergibt sich nicht nur aus der allgemeinen Regel des Vorrangs der *lex specialis*, sondern auch aus der Tatsache, dass der Gesetzgeber mit der Einräumung bestimmter Verteidigungsbefugnisse bewusst in Kauf genommen hat, dass durch sie z.B. der Verfahrensabschluss erschwert wird, und ganz offenbar auch davon ausgeht, dass die Meinungen etwa über die Zweckmä-

---

316 So enthält z.B. § 814 BGB eine spezielle Ausprägung des Grundsatzes von Treu und Glauben in Form des Verbots des *venire contra proprium factum* und § 226 BGB sogar eine (allerdings an enge Voraussetzungen geknüpfte) generalklauselartige Ausprägung des Missbrauchsgedankens – ungeachtet dessen werden der Grundsatz von Treu und Glauben bzw. das allgemeine Missbrauchsverbot im Zivilrecht auch in vielen anderen (insbesondere die Voraussetzungen des § 226 BGB nicht erfüllenden) Fällen angewendet.

317 Der Begründung eines Missbrauchsverbots mit methodischen Standards jedenfalls kaum überlegen erscheint die vor einigen Jahren von *Spiekermann* (Mißbrauch, S. 175ff.) vorgeschlagene Lösung, das im Einzelfall auch von ihr zugestandene Bedürfnis nach einer Missbrauchsreaktion mit Hilfe von § 34 StGB zu befriedigen. Denn die gegen ein allgemeines Missbrauchsverbot traditionell erhobenen Einwände der geringen Bestimmtheit, des Fehlens verlässlicher Aussagen zur Rechtsfolge, des Erfordernisses einer ausführlichen Begründung usw. gelten hier ganz genauso. Hinzu kommt, dass bei der nach § 34 StGB erforderlichen Abwägung auf der „Rettungsseite" jedes Mal in unveränderter Form die „Funktionstüchtigkeit der Strafrechtspflege" steht, d.h. etwaige Unterschiede könnten sich nur auf der „Eingriffsseite" ergeben; damit läuft aber die vorgeblich umfassende Abwägung im Ergebnis doch nur auf eine Bewertung des Maßes der Zweckwidrigkeit hinaus.

318 So etwa im (zutreffend entschiedenen) Fall BGHSt 40, 287 m. Anm. *Kudlich*, JuS 1997, 507ff. (missbräuchliche Verknüpfung zwischen Bedingung und Antragsinhalt beim Hilfsbeweisantrag).

ßigkeit einer Beweiserhebung zwischen Gericht und Verteidigung auseinander gehen.

cc) Drittes Kernproblem ist schließlich die Auswahl einer Missbrauchsreaktion. Es kommt zum einen in Betracht, eine einzelne Befugnisausübung zurückzuweisen (wobei sich durchgesetzt hat, diese im Sinne der prozessualen Wertkategorien als „unzulässig" zu bezeichnen) oder – effektiver, aber auch eingriffsintensiver – ihre zukünftige Ausübung zu untersagen. Wichtiges Kriterium für die Auswahl der konkreten Rechtsfolge muss dabei zum einen sein, ob nur eine einzelne Befugnisausübung „missbräuchlich" war oder aber das „Ausübungsverhalten" insgesamt, m. a. W.: Die Missbrauchsreaktion sollte mit dem Gegenstand des Missbrauchs korrespondieren.[319] Zum anderen ist aber jede Missbrauchsreaktion als Eingriff in (prozess-) grundrechtlich geschützte Positionen am Verhältnismäßigkeitsgrundsatz zu messen (was z. B. grundsätzlich eine „Abmahnung"[320] erforderlich machen kann).

c) Macht man diese Überlegungen für den konkreten Fall fruchtbar, so ist zu differenzieren: Ein Rückgriff auf den Missbrauchsgedanken ist zwar im Beweisantragsrecht nicht etwa mittels *argumentum e contrario* bzw. wegen eines etwaigen Konterkarierens klarer gesetzlicher Regelungen deshalb ausgeschlossen, weil die „missbrauchsrelevanten" Vorschriften im Bereich des Beweisantragsrechts[321] in jeder Hinsicht abschließend wären. Auch unterliegt das Beweisantragsrecht – wie oben bereits in Auseinandersetzung mit der Entscheidung BGHSt 38, 111 im hier möglichen Rahmen skizziert[322] – durchaus einer gewissen „funktionalen Bindung". Indes führen diese Überlegungen nicht dazu, dass eine Fristsetzung für Beweisanträge *per se* durch den Rückgriff auf den Missbrauchsgedanken gerechtfertigt wäre: Auch wenn sie nämlich als Missbrauchs*reaktion* nicht von vornherein ausgeschlossen erscheint (und möglicherweise sogar als milderes Mittel im Vergleich zu einer weiterge-

---

[319] Vgl. auch bereits *Kudlich*, Mißbrauchsverbot, S. 256, 333.

[320] Vgl. bereits *OLG Hamburg* NStZ 1998, 586, 587 f.

[321] Vgl. zu diesen etwa *Eschenhagen*, Mißbrauch, S. 77 ff., sowie *Spiekermann*, Mißbrauch, S. 98 ff.

[322] Vgl. o. S. 74 f. sowie ausführlicher *Kudlich*, Mißbrauchsverbot, S. 283 ff. Um nicht missverstanden zu werden: Diese „funktionale Bindung" ist *kein Argument dagegen*, dass das Beweisantragsrecht natürlich legitimerweise auch „destruktiv" dahingehend ausgeübt werden kann, dass mit den beantragten Beweisen die Überzeugungsbildung des Gerichts erschüttert wird und daher der Nachweis einer tatsächlich begangenen Tat nicht mehr zur Überzeugung des Gerichts gelingen kann – das Verfahrensziel wird ja nicht nur durch die Wahrheitsfindung (und schon gar nicht: nur durch eine Verurteilung) erreicht, sondern auch durch das Ergebnis, dass ein bestimmter Verdacht sich nicht prozessordnungsgemäß bestätigen lässt (bzw. dagegen vorgebrachte Einwände sich nicht hinreichend widerlegen lassen).

henden Beschränkung bzw. Entziehung des Beweisantragsrechts anzusehen ist!),[323] setzt die Einordnung und Billigung des Vorgehens als Missbrauchsreaktion voraus, dass im Vorfeld jedenfalls Anknüpfungspunkte für einen solchen – und zwar massiven und anderweitig nicht bewältigbaren – Missbrauch bestehen. Selbst wenn ein solcher – obwohl in der Entscheidung des 1. Strafsenats vom 23. 9. 2008 nicht klar hervortretend – im zugrunde liegenden Ausgangsfall noch vorgelegen haben sollte, kann das jedenfalls keine Legitimation für gleichsam präventive Fristsetzungen in allen länger angelegten Verfahren sein.

Insoweit geht es hier also weniger um eine Fristsetzung als Missbrauchs*reaktion*, sondern gleichsam als „Missbrauchsauslöser", d.h. als richterliche Verfahrensgestaltung, deren mangelnde Unterstützung durch die Verteidigung dann zum missbrauchsnahen Ablehnungsgrund des § 246 III 2 Mod. 6 führen soll. Dies wiederum würde im Lichte der „allgemeinen Missbrauchsdogmatik", so man eine solche (wie hier skizziert) anerkennen möchte, voraussetzen, dass allein durch die Fristsetzung als Ausfluss einer allgemeinen Sachleitungsbefugnis die Zwecksetzungen einzelner verfahrensrechtlicher Vorschriften geändert würden und Aussage wie Bedeutung des § 246 I[324] eingeschränkt werden könnten. Dafür ist aber kein Grund ersichtlich.

3. Fazit

Die vorangehenden Überlegungen haben gezeigt, dass die neuere Rechtsprechung des 1. Strafsenats nicht nur schwer mit § 246 I kompatibel ist, sondern dass das dort vorgesehene Vorgehen jedenfalls als allgemein gültiges Instrument für alle längeren Verfahren auch unter dem Gesichtspunkt einer „allgemeinen Missbrauchsdogmatik" abzulehnen ist. Der explizite Verzicht auf eine Beweisantragspräklusion in § 246 I steht der Berücksichtigung einer Fristüberschreitung als Argument für den zweckwidrigen Befugniseinsatz im Rahmen des Missbrauchsurteils gerade entgegen.

Eine solche Fristsetzung mag somit zwar im Rahmen der Sachleitungsbefugnis möglich sein – sie muss jedoch für die spätere Behandlung des Beweisantrags weitgehend[325] bedeutungslos sein (und kann insoweit letztlich nur als Bitte um „kooperati-

---

[323] So – jedenfalls für die Fälle, in denen die Versäumung der Frist nur eine Bescheidung im Urteil statt in einem eigenen Beschluss zur Folge hat –, bereits *Kudlich*, JuS 2005, 852, 854 (zur Entscheidung BGH NJW 2005, 2466).

[324] Dessen in der StPO selbst klar angelegten Risiken sich durch späte Beweisanträge verwirklichen – nicht mehr und nicht weniger.

[325] Dass unabhängig davon *andere* Gründe vorliegen können, die einen Missbrauch bzw. eine Verschleppungsabsicht annehmen lassen, ist selbstverständlich. Und wenn

ves Prozessieren" verstanden werden, welches aber zumindest in der Reinform von der Verteidigung gerade nicht eingefordert werden kann).[326] Soweit man dies – wie Teile der höchstrichterlichen Rechtsprechung mit Billigung des BVerfG – anders sieht, müsste für eine sinnvolle Handhabung dieses Modells von der Rechtsprechung noch klarer konturiert werden, mit welchen Argumenten in der Antragsbegründung der Antragsteller dem Verschleppungsvorwurf zuvor kommen kann.

---

solche nahe liegen, wird im Rahmen der Würdigung insbesondere auch zu den subjektiven Anforderungen der Verschleppungsabsicht eine *untergeordnete* Berücksichtigung des Fristverstoßes nicht in allen Fällen unzulässig sein.

[326] Vgl. auch *Kudlich*, Mißbrauchsverbot, S. 182 ff.

E. Beschränkung der Geltendmachung von Verfahrensgarantien

Das dritte – und naturgemäß noch viel stärker selektiv zu behandelnde – Unterthema des Gutachtens bildet die (sonstige) Beschränkung der Geltendmachung von Verfahrensgarantien. Dabei geht es – anders als bei den durch die jüngere Gesetzgebung bzw. durch die neuere Rechtsprechung motivierten Fragestellungen der Verständigung bzw. der Fristsetzung für Beweisanträge – teilweise um Mechanismen, welche die Diskussion (zumindest latent) schon länger beschäftigen.

I. Grundlagen und Beschleunigungspotential

Der Begriff der Verfahrensgarantie ist im Gutachtenauftrag nicht näher definiert und soll im Folgenden tendenziell weit verstanden werden. Es geht also um diejenigen Rechte, welche der Beschuldigte im Rahmen des Strafverfahrens (und insbesondere im Rahmen der Hauptverhandlung) einfordern bzw. geltend machen kann und denen – jedenfalls nach Maßgabe der gesetzlichen Vorschriften – auch entsprochen werden muss. Dass die Geltendmachung solcher Verfahrengarantien potentiell „entschleunigend" auf das Verfahren wirkt, liegt auf der Hand: Schon das Vorbringen entsprechender Rechtspositionen nimmt etwa in einer Hauptverhandlung eine gewisse Zeit in Anspruch. Bei „Erwirkungshandlungen" im Sinne der *Sauer*'schen Prozesshandlungskategorien[327] wird dann nochmals solche benötigt, um dem jeweiligen Vorbringen – sei es in der Instanz, sei es ganz besonders deutlich bei Einlegung eines Rechtsmittels – nachzukommen. Umgekehrt ist evident, dass es auch bei Einschränkungen dieser „Garantien" praktisch nur um die verfahrensökonomische Dimension des Beschleunigungsgrundsatzes geht. Zwar kommt die Kürze des Verfahrens (ebenso marginal wie allenfalls reflexartig) dem Beschuldigten möglicherweise zu Gute – ein „kurzer Prozess" liegt demgegenüber nicht selbstverständlich in seinem Interesse. Vielmehr droht ihm der Verlust von Rechtspositionen, deren

[327] Vgl. *Sauer*, Grundlagen, 105 ff., 437 ff.

subjektive Bedeutung er gerade durch ihre Geltendmachung deutlich zum Ausdruck bringt.

II. Normativer Rahmen und Anwendungsfälle

1. Denkbare Garantien und Formen ihrer Beschränkung sowie davon betroffene drohende Rechtsverluste

Verfahrensgarantien in dem hier verstandenen weiten Sinne kann der Beschuldigte grundsätzlich in allen Verfahrensstadien geltend machen. Welche Garantien hier in welchen Verfahrensstadien grundsätzlich in Betracht kommen, wurde einleitend bereits samt etwaiger verfassungs- und konventionsrechtlicher Absicherungen knapp erörtert.[328] Überlegt man abstrakt, welche denkbaren Typen von Beschränkungen es für diese Garantien gibt, so kommen hier (wie exemplarisch auch schon in den Ausführungen zum Beweisantragsrecht deutlich geworden) insbesondere

- die Nichtgewährung bzw. der Entzug eines Rechts,
- die (insbesondere gegenüber den gesetzlichen Voraussetzungen erleichterte) Ablehnung bzw. Zurückweisung eines Antrags sowie
- verschiedene Arten der Präklusion der Rechtsausübung (etwa in Gestalt einer Frist oder durch zusätzliche – formelle oder inhaltliche – Erfordernisse an eine erfolgreiche Rechtsausübung)

in Betracht. Diese Einschränkungsmöglichkeiten liegen gewissermaßen quer zu den Rechten bzw. Verfahrensgarantien, d.h. es ist vorstellbar, dass das gleiche Recht auf unterschiedliche Weise eingeschränkt wird.[329]

Im Folgenden wird aus den einleitend bereits erörterten Gründen (vgl. S. 22f.) das Hauptaugenmerk auf Hauptverhandlung und Revision gelegt werden und dabei insbesondere danach unterschieden, ob die Maßnahmen vorrangig unmittelbar das tatrichterliche Verfahren selbst beschleunigen (sogleich 2.) oder aber nur mittelbar durch eine herabgesetzte Möglichkeit erfolgreicher Rechtsmittel beschleunigend wirken sollen (im Anschluss 3.). Die Überlegungen betreffen dabei überwiegend den gesetzlichen Iststand; teils finden sich aber auch

---

[328] Vgl. S. 22ff.

[329] Exemplarisch etwa am Beispiele des Fragerechts: Dieses könnte dem Angeklagten vom Gericht aufgrund irgendwelcher Vorfälle entzogen werden; Fragen könnten zurückgewiesen werden oder aber nur bis zu einem bestimmten Zeitpunkt zulässig sein.

Überlegungen, die möglicherweise *de lege ferenda* angestellt werden könnten.[330]

2. *Insbesondere Beschleunigung in der Tatsacheninstanz*

In der Tatsacheninstanz hängt die Dauer des Verfahrens zunächst naturgemäß v.a. vom Umfang des Prozessstoffes und seiner Komplexität ab. Insoweit würde in zahlreichen Verfahren ein erster wesentlicher Schritt zur Beschleunigung in einem zielgerichteten „Zuschnitt" des Prozessstoffes (etwa auch mit Hilfe der §§ 154, 154a StGB) liegen, der durch die Staatsanwaltschaften offenbar nicht immer gelingt. Jenseits dessen bzw. wenn das nicht erfolgt oder nicht möglich ist, wirkt selbstverständlich auch die Ausübung prozessualer Rechte der Verteidigung potentiell entschleunigend. Will man den Fokus nicht auf nicht ernsthaft diskutierte oder auch nur vorstellbare[331] Verfahrensmodelle richten, in denen diese prozessualen Rechte generell oder partiell nicht mehr zugestanden werden, so stehen als „übergreifende", nicht auf die kleinteilige Untersuchung einer konkreten Befugnis beschränkte Beschleunigungsmaßnahmen zum einen die Beschränkung der Ausübung der Vereidigungsbefugnisse bei ihrem extensiven Einsatz, zum anderen die Frage nach einer Präklusion für ihre Ausübung (bereits im Verfahren vor dem Tatgericht) im Raume.

a) Abwehr von Missbräuchen durch ein allgemeines Missbrauchsverbot

aa) Eine übergreifende Beschränkung einer als unangemessen extensiv empfundenen Ausübung von Rechten könnte in einem – ungeschrieben als existent unterstellten oder auch *de lege ferenda* zu schaffenden[332] – allgemeinen Missbrauchsverbot liegen, dass die ausdrücklich kodifizierten Einzelausprägungen des Missbrauchsgedankens ergänzt, wie es auch in anderen Rechtsgebieten durchaus im Grunde anerkannt ist. Dass es damit zu einer Beschränkung der

---

[330] Vgl. zu solchen viel ausführlicher als hier möglich auch nochmals die Überlegungen bei *Gössel*, Gutachten, passim, insb. mit Blick auf das Beweisantragsrecht S. 57ff. (mit Einschränkung von Revisionsmöglichkeiten S. 77ff.) sowie zur Missbrauchskontrolle S. 85ff.

[331] „Nicht vorstellbar" ist dabei freilich ein großes Wort, denkt man etwa an die Abschaffung eines vollwertigen Beweisantragsrechts für alle Hauptverhandlungen nach Einspruch gegen einen Strafbefehl durch §§ 411 II 2, 420 IV.

[332] Zu entsprechenden Reformdiskussionen vgl. *Kudlich*, Mißbrauchsverbot, S. 353ff.

– präsumtiv missbrauchten – Befugnisse kommt, liegt auf der Hand. Dies gilt unabhängig davon, ob man ein etwaiges Missbrauchsverbot konstruktiv „außen- oder innentheoretisch" erklärt,[333] da auch eine „Innentheorie" vom Missbrauch als immanenter Schranke nichts daran ändert, dass das Recht nicht so weit ausgeübt werden darf, wie es auf den ersten Blick im Normtext den Anschein haben würde. Aber auch die beschleunigende Wirkung eines allgemeinen Missbrauchsverbots ist – aufgrund der Seltenheit exzessiver Missbräuche zwar nicht für die durchschnittliche Dauer von Strafverfahren in signifikantem Umfang, wohl aber für das einzelne gegebenenfalls betroffene Verfahren – evident. Dabei zeichnet sich ein solches Missbrauchverbot insoweit durch einen günstigen „Wirkungsgrad" aus, als es gerade nicht die Vielzahl von Verfahrensrechten der großen Masse nicht dysfunktional agierender Angeklagter bzw. Verteidiger berührt und somit auch zu keiner Rechtsverkürzung in Fällen führt, in denen dies ohne Auswirkung auf die Verfahrensbeschleunigung wäre.

bb) Die mit Legitimation, inhaltlicher Konturierung und Bestimmung der geeigneten Rechtsfolgen verbundenen Fragen eines allgemeinen (und insbesondere eines ungeschriebenen) Missbrauchsverbots in methodischer, verfassungsrechtlicher sowie spezifisch strafprozessualer Hinsicht sind oben im Zusammenhang mit der Fristsetzung für Beweisanträge schon in dem im vorliegenden Rahmen möglichen Umfang skizziert worden. Als Anwendungsfälle kommen hier grundsätzlich alle prozessualen Befugnisse (insbesondere das Beweisantrags-, das Frage- sowie das sonstige Erklärungsrecht, aber theoretisch etwa auch die Gewährung des letzten Wortes oder das Ablehnungsrecht) in Betracht.[334] Auf der Rechtsfolgenseite geht es dabei um solche Missbrauchsreaktionen, die im Gesetz selbst in dieser Form nicht in Spezialregeln ausdrücklich vorgesehen sind. Der Teufel steckt dabei freilich im Detail, weil in jedem Einzelfall genau geprüft werden muss, ob hinreichende Hinweise dafür vorliegen, dass der Prozessbeteiligte die entsprechende Befugnis in zweckwidriger Weise – und zwar gemessen am Zweck der konkreten Einzelbefugnisse in ihrer Einordnung in die Gesamtzwecke des Strafverfahrens – gebraucht und dass die damit verbundenen Beeinträchtigungen des Verfahrensfortgangs über das Maß hinausgehen, das der Gesetzgeber durch die Einräumung dieser Befugnis ohnehin in Kauf genommen hat.[335]

---

[333] Vgl. zur Diskussion knapp *Kudlich*, Mißbrauchsverbot, S. 64 ff. m. w. N.

[334] Zahlreiche Beispiele – teils aus der Praxis, teils als Gedankenexperimente – bei *Fahl*, Missbrauch, S. 175 ff., insbesondere 235 ff. (für das Hauptverfahren) und 607 ff. (für das Rechtsmittelverfahren).

[335] Deutlich bei *Schulz*, StV 1991, 354, 362: „ein Verfahrensrecht, das nicht mißbraucht werden kann, verdient den Namen nicht".

cc) Einem ungeschriebenen Missbrauchverbot ist daher im Ergebnis nur ein sehr enger Anwendungsbereich zuzuschreiben; in diesem scheint es aber schon *de lege lata* – jedenfalls für hypothetische Extremfälle – praktisch kaum verzichtbar und auch in der Sache legitimierbar. Dass die Effizienz eines solchen Missbrauchsverbots auf der Makroebene gering ist und sich v.a. auf der Mikroebene abspielt,[336] ist nur konsequent, da das Missbrauchsverbot seinem originären, auf Extremfälle beschränkten Naturell nach auch nur singulären Verzögerungen durch dysfunktionales Verhalten entgegenwirken, nicht aber eine generelle Beschleunigung des Verfahrens garantieren soll. Innerhalb dieses legitimen Anwendungsbereich könnte aus Gründen der Rechtsklarheit einiges für die Kodifizierung einer allgemeinen Missbrauchsklausel sprechen,[337] wenngleich dieser letztlich nicht mehr als die Rolle einer affirmativen Bestätigung eines schon jetzt möglichen Auslegungsergebnisses zu kommen würde.

b) Ausweitung von Präklusionsvorschriften de lege ferenda

aa) Gerade andersherum als ein Missbrauchsverbot wirken generell geltende und vom Inhalt der Befugnisausübung unabhängige Präklusionsregelungen. Hier ist unter Beschleunigungsgesichtspunkten zu erwägen, ob die Ausübung bestimmter Verfahrensgarantien über den geltenden Iststand hinaus *de lege ferenda* präkludiert werden könnten oder gar sollten. In der StPO finden sich Präklusionsvorschriften bislang vorrangig im Zusammenhang mit Zuständigkeits- und Besetzungsrügen (d.h. mit dem Recht auf den gesetzlichen Richter), vgl. § 338 Nr. 1 i.V.m. § 222b I 1 bzw. § 338 Nr. 4 i.V.m. § 6a, und bei der Ablehnung wegen Besorgnis der Befangenheit nach § 25.[338]

bb) Allerdings wären solchen neuen Präklusionsvorschriften enge Grenzen gesetzt: Zum einen kommt eine Präklusion überall dort nicht – bzw. erst zu einem sehr späten Zeitpunkt – in Betracht, wo die Ausübung des Rechts eine Reaktion auf bestimmte Ereignisse im Verfahren darstellt. So macht es etwa keinen Sinn, das Fragerecht

---

[336] Nebenbei: Dies gilt umgekehrt auch in anderen Konstellationen. So würde etwa eine auf vorwerfbarer Nachlässigkeit des Vorsitzenden beruhende und daher dem Gericht zuzurechnende Verletzung des Öffentlichkeitsgrundsatzes durch ein am Nachmittag versehentlich verschlossenes Gerichtsgebäude zwar möglicherweise im konkreten Verfahren bei nachträglichem Bekanntwerden für Verstimmung unter Interessenten an der konkreten Verhandlung sorgen, aber kaum das allgemeine Vertrauen der Bevölkerung dahingehend erschüttern, dass diese Angst hätten, Willkür und Geheimjustiz würden nun flächendeckend Einzug halten.

[337] Vgl. zur Diskussion *Kudlich*, Mißbrauchsverbot, S. 356.

[338] Zu einem Sonderproblem, in welchem der BGH auch den Terminus der Präklusion im Zusammenhang mit §§ 217, 218 verwendet, vgl. BGH NStZ 2005, 646.

generell zu präkludieren, bevor nicht alle Personen, denen nach § 240 Fragen gestellt werden können, in der Hauptverhandlung aufgetreten sind. Zum anderen sind formale Präklusionen meist „Notlösungen", die ihre innere Berechtigung v.a. haben, wenn das Berufen auf einen Umstand nach Eintritt des präkludierenden Ereignisses mehr oder weniger ein widersprüchliches Verhalten wäre (wie etwa die Ablehnung wegen der Besorgnis der Befangenheit, wenn nach Wahrnehmung des die Besorgnis begründenden Umstandes noch längere Zeit rügelos verhandelt wird). Insbesondere soweit es um im weiteren Sinne „wahrheitsermittlungsrelevante" Rechtspositionen – wie etwa Beweisantragsrecht oder Fragerecht – geht, haftet darüber hinaus einer an formalen Voraussetzungen anknüpfenden Präklusion immer der Makel an einer „Förmelei" an.

Wie schwierig neue sinnvolle Präklusionsregeln aufzustellen wären, wird exemplarisch deutlich, wenn man sich als besonders bedeutsame Verfahrensgarantien *colorandi causa* den Katalog der bestehenden absoluten Revisionsgründe in Erinnerung ruft: In Fällen des § 338 Nr. 1, Nr. 3 und Nr. 4 (Zuständigkeit und Besetzung – gesetzlicher Richter) sind bereits entsprechende Präklusionsregeln vorhanden. Im Fall des § 338 Nr. 2 würde eine Präklusion auch für die Fälle des Ausschlusses nach §§ 22, 23 zu einer vollständigen Veränderung des Charakters der Vorschriften führen. Im Fall des § 338 Nr. 5 (Anwesenheit in der Hauptverhandlung) ist die Prüfung der erforderlichen Anwesenheiten ein so klarer Fall einer vorrangigen Zuständigkeit des Gerichts und ein für das Gericht im Einzelfall auch so vergleichsweise einfach festzustellender Sachverhalt,[339] dass eine Präklusion unverhältnismäßig erscheinen würde. Gleiches gilt *mutatis mutandis* für § 338 Nr. 6, da zumindest solche Fälle des Öffentlichkeitsgrundsatzes, die in der Verhandlung bemerkt werden können (und andere fallen nach der restriktiven Auslegung der Vorschrift regelmäßig nicht unter den absoluten Revisionsgrund),[340] ebenfalls klar zur Zuständigkeit des Gerichts zählen. Bei § 338 Nr. 7 schließlich scheidet eine Präklusion im traditionellen Sinne aus, da es sich um ein Ereignis nach Abschluss des Verfahrens handelt.[341]

cc) Unter Berücksichtigung der Tatsache, dass Präklusionen einerseits sehr weitreichende und regelmäßig unflexible Restriktionen darstellen, andererseits in vielen Fällen nur (bei „wahrheitsermittlungsrelevanten" Befugnissen sogar Kollateralschäden verursachende) Notlösungen darstellen, erscheint ihre Ausweitung zumindest grundsätzlich trotz des durchaus vorstellbaren Beschleunigungspotentials nicht wünschenswert.

---

339 Was nichts daran ändert, dass hier gerade im Zusammenhang mit § 247 immer wieder praktische Probleme auftreten, vgl. aus jüngster Zeit nur die Entscheidungen BGH NStZ 2009, 582, sowie die Beschlüsse des 3. und 5. Senats in der 3 ARs 7/09 vom 7. 7. 2009.

340 Vgl. *Meyer-Goßner*, § 338 Rn. 49.

341 Im heterogenen Anwendungsbereich des § 338 Nr. 8 ist eine weitere Präklusion systemkonform nur schwer vorstellbar: Einerseits unterliegen die hier einschlägigen Beschlüsse des Gerichts regelmäßig nach § 305 S. 2 keiner Beschwerde; andererseits handelt es sich zumindest teilweise um Beschlüsse, die ihrerseits bereits Ausfluss einer Art „Präklusionsregelung" sind, wenn sie auf einer Beanstandung nach § 238 II beruhen.

3. Insbesondere Vermeidung und Erschwernis erfolgreicher Rechtsmittel

Neben Maßnahmen in der tatgerichtlichen Verhandlung sind auch – von der Rechtsprechung teilweise (und mitunter auch ohne klare Wegweisung durch den Gesetzgeber) bereits beschrittene – Wege denkbar, eine Beschleunigung dadurch zu erreichen, dass erfolgreiche Rechtsmittel trotz des Vorliegens von Rechtsfehlern in der Tatsacheninstanz verhindert werden.[342] Auch hier ist allein die verfahrensökonomische Dimension des Beschleunigungsgrundsatzes von Bedeutung, mutet es doch zynisch an, die Revision des Angeklagten mit der Begründung als unzulässig zu verwerfen, dass in seinem Interesse das Verfahren kurz gehalten werden müsse.

a) Voraussetzungen für die Revision in der Tatsacheninstanz

aa) Ein erfolgreiches Revision kann zunächst dadurch erschwert werden, dass sie von bestimmten, insbesondere so in der StPO nicht deutlich hervorgehobenen Handlungspflichten schon in der Tatsacheninstanz abhängig gemacht wird. Diesen Weg beschreitet die Rechtsprechung (jedenfalls für den verteidigten Angeklagten)[343] durch die Forderung nach dem Ergreifen des Zwischenrechtsbehelfs nach § 238 II[344] und durch das Erfordernis eines Widerspruchs[345] bis zu dem in § 257 genannten Zeitpunkt[346] bei Beweisverwertungen. Dabei kann die Präklusion bei fehlendem Zwischenrechtsbehelf nach § 238 II auf eine lange gesicherte Rechtsprechungstradition zurück-

---

[342] Zu den theoretischen Grundlagen der Einschränkung der Revisibilität eingehend *Frisch*, Fezer-FS, S. 353 ff., insb. S. 361 ff., 376 ff.

[343] Zu Fällen des nicht verteidigten Angeklagten vgl. etwa für § 238 II OLG Koblenz StV 1992, 263; SK-StPO/*Schlüchter*, § 238 Rn. 32; für die Widerspruchslösung vgl. BGH NJW 1952, 1426; BGHSt 38, 214, 226; 39, 349, 352; zur Gleichstellung des unverteidigten Angeklagten bei entsprechender Belehrung aber auch bereits BGHSt 38, 214, 226. Für § 238 II ist noch zu ergänzen: soweit es sich nicht um die Unterlassung unverzichtbarer Handlungen bzw. um die Missachtung von Verfahrensvorschriften ohne Entscheidungsspielraum handelt, vgl. bereits BGHSt 3, 368, 370; BGHSt 7, 281, 282; BGHSt 42, 73, 77 f.; zust. SK-StPO/*Schlüchter*, § 238 Rn. 30.

[344] Vgl. bereits BGHSt 1, 322, 325; BGHSt 4, 364, 366; aus der jüngsten Zeit BGHSt 51, 144.

[345] Maßgeblich zu beachten hier die Entscheidung BGHSt 38, 214; zu Vorläufern dieser Rechtsprechung auch schon in der reichsgerichtlichen Judikatur vgl. RGSt 4, 401; 50, 364 f.; 58, 90, 91; 58, 100, 101.

[346] Vgl. nochmals BGHSt 38, 214, 225 f., bestätigt etwa durch BGHSt 39, 349, 352; 42, 15, 22; 50, 272, 274; für einen großzügigeren Zeitpunkt bis zum letzten Wort aber noch BGHSt 31, 140, 144 f.

blicken, und die Widerspruchslösung ist in der jüngeren Vergangenheit bemerkenswert über den in BGHSt 38, 214 behandelten Fall einer unterlassenen Beschuldigtenbelehrung ausgedehnt worden.

So wird ein Widerspruchserfordernis etwa bejaht, wenn die Belehrung über das Verteidigerkonsultationsrecht nach § 136 I 2 Alt. 2 fehlt,[347] wenn dem Beschuldigten nicht effektiv bei der Herstellung eines Kontakts zu einem Verteidiger geholfen wurde,[348] wenn die Benachrichtigungspflicht nach § 168 c V 1 verletzt wurde,[349] wenn die Vorlagepflicht nach § 244 I 3 verletzt wird,[350] wenn unzulässige Erkenntnisse aus einer Telefonüberwachung verwertet werden[351] oder wenn ein verdeckter Ermittler unzulässig eingesetzt wurde.[352] Zumindest erwogen wurde die Anwendung darüber hinaus im Zusammenhang mit unlässigen verdeckten Ermittlungsmethoden (etwa der Hörfalle),[353] bei einem fehlerhaften „Lauschangriff"[354] sowie beim Fehlen einer qualifizierten Belehrung nach einer Täuschung i. S. d. § 136 a.[355]

Das Beschleunigungspotential liegt hier ersichtlich nicht in der Tatsacheninstanz selbst, wenn in bestimmten (und mangels klarer Abgrenzbarkeit im Einzelfall vorsichtshalber: in den meisten) Fällen eine für unrichtig gehaltene richterliche Sachleitung mit einem (regelmäßig erfolglosen) Zwischenrechtsbehelf angegriffen oder einer beabsichtigten Beweisverwertung widersprochen werden muss.[356] Die Beschleunigung tritt vielmehr nur mittelbar dadurch ein, dass bei Versäumen der Handlung Rechtmittel von vornherein unzulässig sind.

Daneben denkbar, wenngleich von geringerer Bedeutung ist der Effekt, dass auf den Zwischenrechtsbehelf bzw. auf den Widerspruch hin im Einzelfall das Gericht abweichend vom Vorsitzenden entscheidet (bzw. die Maßnahme des Vorsitzenden vielleicht auch nachvollziehbar und damit friedensstiftend vermitteln kann), so dass es zu gar keiner Einlegung eines Rechtsmittels kommt.

bb) Wird dadurch eine „sonst" erfolgreiche Revision vereitelt, so führt dies zu einer Beschränkung sowohl derjenigen Rechtsposition bzw. Verfahrensgarantie, welcher das verletzte Beweisverbot[357] bzw.

---

[347] Vgl. BGHSt 47, 172, 173; nicht explizit, aber wohl durch den Verweis auf BGHSt 38, 214, 224 f.

[348] Vgl. BGHSt 42, 15, 19, 22.

[349] Vgl. bereits BGHSt 26, 332, 334 f.; später BGH NJW 1996, 2239, 2241; BGH NJW 1997, 2335, 2336; BGH NStZ-RR 2002, 110, 111.

[350] Vgl. bereits BGHSt 25, 357, 359.

[351] Vgl. BGH StV 2001, 545; BGH wistra 2006, 267 f.

[352] Vgl. BGH StV 1996, 529; BGH (bei Becker), NStZ-RR 2001, 260.

[353] Vgl. BGHSt 42, 139.

[354] Vgl. BGHSt 50, 206, 215 f.

[355] BGH NStZ 1996, 290, 291.

[356] Eine Häufung etwa von Beanstandungen nach § 238 II wird im Gegenteil gerade als ein Symptom einer verfahrensverschleppenden Konfliktverteidigung angesehen.

[357] Vorschriften, deren Verletzung präsumtiv zu einem Beweisverwertungsverbot führen können, werden zumindest regelmäßig einen jedenfalls auch beschuldigtenschützenden Charakter haben; noch weiter gedacht: Soweit man im Sinne einer (vielleicht nicht mehr eigenständigen, vgl. *Jahn*, Gutachten, S. 41, aber doch immer noch

welcher die durch den Vorsitzenden gegebenenfalls verletzte Norm dienen, als auch des letztlich aus § 337 abzuleitenden Rechts, Verfahrensfehler der Tatsacheninstanz im Rahmen einer Revision erfolgreich anzugreifen. Das ist auf den ersten Blick nicht unbedenklich, da es an einer klaren gesetzlichen Grundlage für die Beschränkung fehlt.

Für § 238 II stellt das Gesetz zwar in § 305 S. 1 mittelbar einen Zusammenhang zur Revision dar, da nach dieser Vorschrift im Ergebnis „Entscheidungen der erkennenden Gerichte, die der Urteilsfällung vorausgehen" im Rahmen der Revision mitbehandelt werden. Das ist aber erst einmal nur eine Aussage über tatsächlich eingelegte Zwischenrechtsbehelfe und ändert nichts daran, dass § 238 II nur ein Recht der Prozessbeteiligten darstellt und die Zuständigkeit des Gerichts zur Entscheidung über eine beanstandete Maßnahme des Vorsitzenden anordnet, aber keine Pflicht begründet, diesen Zwischenrechtsbehelf einzulegen. Noch deutlicher ist das beim Erfordernis eines im Gesetz nicht einmal erwähnten Widerspruchs gegen die Beweisverwertung, das nur deshalb überhaupt diskutabel erscheint, weil es im Kontext der in ihren Entstehungsvoraussetzungen gesetzlich ohnehin nicht näher geregelten (insbesondere unselbständigen) Beweisverwertungsverbote[358] steht. Wird nämlich das Entstehen eines Beweisverwertungsverbotes von verschiedenen Kriterien (Interessenabwägung, hypothetische Ermittlungsverläufe etc.) abhängig gemacht, so ist nicht von vornherein ausgeschlossen, als eine weitere Voraussetzung ein Widerspruchserfordernis aufzustellen.[359]

Die – für beide Fälle durchaus parallel diskutierten, aber auch parallel kritisierten –„positiven" Begründungsansätze stehen allesamt dogmatisch auf eher tönernen Füßen:[360] Dies gilt für den in der frühen Rechtsprechung[361] zu § 238 II entwickelten Gedanken, der eine Rüge unterlassende Angeklagte nehme den Verfahrensfehler gleichsam hin,[362] ebenso wie für Versuche, ein „Beruhen" i.S.d. § 337 zu

---

einen Abwägungstopos darstellenden) „Rechtskreistheorie" für die Annahme eines Beweisverwertungsverbotes verlangt, dass die verletzte Norm gerade auch den Rechtskreis des Beschuldigten schützt, wird es sich in den Fällen, in denen es überhaupt auf den Widerspruch ankommt (und ein Beweisverwertungsverbot nicht schon aus anderen Gründen scheitert), praktisch immer um Verfahrensfehler handeln, welche Verfahrensrechte des Beschuldigten betreffen.

[358] Vgl. BGHSt 38, 214, 219 ff.

[359] Vgl. *Basdorf,* StV 1997, 488, 491.

[360] Positiver dazu aber SK-StPO/*Schlüchter,* § 238 Rn. 28; aus neuer Zeit (und in Abweichung von den Nachw. in Fn. 343 a. E. sogar unabhängig von der Disponibilität der Maßnahme) *Mosbacher* JR 2007, 387 f, sowie dem zust. KK-*Schneider,* § 238 Rn. 2, 33 ff.

[361] Vgl. BGHSt 1, 322, 325.

[362] Vielmehr wird durch die entsprechende Rüge im Rahmen der Revision gerade (und insoweit auch unzweideutig!) geltend gemacht, dass sich der Angeklagte damit nicht abfindet. Ein ungeschriebenes, auf bloßem Schweigen beruhendes instanzenübergreifendes „Einverständnis" des Angeklagten mit Rechtsverletzungen seitens des Gerichts ist eine bloße Fiktion, und niemand dürfte ernsthaft auf die Idee kommen, etwa aus der fehlenden Erörterung einer materiell-rechtlichen Frage im Schlussvortrag der Verteidigung den Schluss zu ziehen, der Angeklagte sei mit einer fehlerhaften Anwendung des materiellen Rechts zu seinem Nachteil einverstanden.

verneinen,[363] Beanstandungslasten mit dem Gedanken einer „Rechtswegerschöpfung" und einer „fehlenden Alternativität der Rechtsbehelfe"[364] zu begründen[365] oder Verzichts- bzw. Verwirkungshandlungen[366] zu konstruieren. *Bernsmann* und *Fezer* kritisieren insoweit (zur Widerspruchslösung) gleichlautend, dass die Idee einer Rügepräklusion in der StPO stets eine Ausnahme darstelle und es an einer allgemeinen Präklusionsvorschrift (wie etwa in § 295 ZPO) fehle, so dass die Widerspruchslösung eine „völlig freischwebende (...) richterrechtliche (...) Rechtsfortbildung" darstelle, die zudem „den Eindruck eines bloßen ergebnisorientierten Machtspruches" erwecke.[367]

cc) Im Ergebnis ist daher zwar für die Praxis nicht mit einem Zurückschneiden dieser beiden „faktischen Präklusionsinstrumentarien" zu rechnen; und jedenfalls in manchen von § 238 II erfassten Fällen mag es auch durchaus sinnvoll sein, wenn in der konkreten Verfahrenssituation unter Berücksichtigung des Vorbringens der Beteiligten[368] entschieden wird. Gleichwohl bleiben neben der fehlenden Rechtsgrundlage (die immerhin *de lege ferenda* geschaffen werden könnte) auch inhaltliche Bedenken bestehen, da durch beide Rechtsfiguren letztlich die Abwägungsleitlinien sowie die Verantwortungsbereiche unangemessen zu Lasten der Verteidigung verschoben werden:[369] Im Konflikt zwischen dem staatlichen Interesse an der Strafverfolgung auf der einen und dem Interesse des Bürgers auf Wahrung seiner Rechte auf der anderen Seite beeinflussen beide „Versäumnisse" weder das Gewicht des Verfahrensverstoßes[370] noch die Schwere des verfolgten Delikts als die beiden wichtigen Abwägungsparameter, so dass die Interessenerwägung für ein Beweisverwertungsverbot und damit für die Revisibilität mit oder ohne Zwischenrechtsbehelf bzw. Widerspruch an sich gleich ausfallen müsste.

---

[363] Vgl. BGHSt 1, 284, 286. Zur Problematik bei der Widerspruchslösung *Heinrich*, ZStW 112 (2000), 398, 409ff.

[364] Vgl. *Schlüchter*, Krause-FS, S. 485, 498.

[365] Dies zeigt etwa auch der Vergleich mit der Behandlung eines nach §§ 22, 23 ausgeschlossenen Richters: Dieser Ausschluss kann in der Verhandlung nach § 24 I geltend gemacht werden; auch ohne diese Geltendmachung stellt jedoch der Mitwirkungsraum eines ausgeschlossenen Richters einen (sogar absoluten!) Revisionsgrund nach § 338 Nr. 3 dar.

[366] Vgl. zum Verzichts- bzw. Verwirkungskonstrukt mit Blick auf die Widerspruchslösung auch *Maul/Eschelbach*, StraFo 1996, 66, 68.

[367] Vgl. *Bernsmann*, StraFo 1998, 73, 76; *Fezer*, StV 1997, 57, 58.

[368] Zu den praktischen Anschlusszwängen im Verfahren und dem Beteiligtenvorbringen als maßgeblichen Kriterien für die zutreffende Sachentscheidung vgl. aus rechtstheoretischer Sicht auch *Christensen/Kudlich*, Theorie, S. 207ff.

[369] Vgl. auch *Schünemann*, ZIS 2009, 484, 486.

[370] Zu dessen Beachtlichkeit für die Frage nach einem Beweisverwertungsverbot vgl. etwa BGHSt 38, 214, 219f.; BGHSt 47, 172, 179f.; BGH NStZ 2006, 256, 237.

Auch wird nicht nur der prozessuale Fehler der Strafverfolgungsbehörden auf den (verteidigten) Angeklagten abgewälzt, sondern auch ein Fehlverhalten des Verteidigers fällt auf den Angeklagten zurück.[371] Die Problematik würde erheblich entschärft, wenn man Widerspruch bzw. Zwischenrechtsbehelf insoweit stets (für den verteidigten wie für den nichtverteidigten Angeklagten) nur bei einem entsprechenden Hinweis des Gerichts verlangen würde.[372] Damit könnte einerseits ein für den Angeklagten (etwa bei positiven Beweisergebnissen) ebenfalls nicht wünschenswerter „Automatismus" mit Blick auf das Eintreten eines Beweisverwertungsverbotes verhindert, andererseits jedoch wesentlich überzeugender im Unterlassen des Zwischenrechtsbehelfs bzw. des Widerspruchs trotz erfolgter Belehrung ein Element der zumindest konkludenten „Zustimmung" gesehen werden. Der Einwand, dass das Gerichts dann eigene Fehler bzw. etwaige Beweisverwertungsverbote antizipieren müsste, kann dagegen kaum verfangen, denn eben das verlangt man gegenwärtig schon in der Tatsacheninstanz auch von der Verteidigung.

Nur nebenbei sei abschließend angemerkt, dass die Regelungen zur Verständigung (ausführlich S. 29ff.) ein neues in diesen Zusammenhang gehörendes Problem aufwerfen könnten. Da Gegenstand der Verständigung nach § 257c II 1 auch das Prozessverhalten sein kann, könnte z.B. der Angeklagte zusichern, bestimmte Vorfälle (etwa eine festgestellte Verletzung der Öffentlichkeit[373]) nicht zu rügen. Tut er dies in der Revision gleichwohl, würde hier der Gedanke an eine „Verwirkung" sicher näher liegen, als beim fehlenden Ergreifen eines Zwischenrechtsbehelfs oder einem unterlassenen Widerspruch.[374]

b) Rügeverkümmerung

aa) Unter dem Stichwort der Rügeverkümmerung wird bekanntlich die Situation diskutiert, in der einer bereits zulässig eingelegten Revision durch eine nachträgliche Protokollberichtigung „der Boden entzogen" wird. Beides – Berichtigung des Protokolls und gar rügeverkümmernde Wirkung – sind in der StPO nicht geregelt. Lässt man, wie es der Große Strafsenat des BGH mit Billigung des BVerfG[375] in Abkehr einer 100-jährigen Rechtsprechungstradition

---

[371] Vgl. *Dornach*, NStZ 1995, 57, 63; *Meyer-Goßner/Appl*, StraFo 1998, 258, 260.

[372] In dieser Richtung auch *Lesch*, JA 1995, 157, 162.

[373] Beispiel bei *Nack*, Stellungnahme, S. 4.

[374] Dezidiert a.A. *König*, Stellungnahme, S. 6f., der sogar eine Ergänzung des § 333 vorgeschlagen hatte, wonach durch eine Verständigung die „Revision (...) nicht eingeschränkt" werde.

[375] Im Kern ging die dem BVerfG vorgelegte Frage darum, ob die im Gesetz nicht vorgesehene revisionsverhindernde Berichtigung eines (nicht gefälschten, vgl. § 274 S. 2) Hauptverhandlungsprotokolls überhaupt noch von der Kompetenz der richterlichen Rechtsfindung gedeckt ist; das Gericht hat diese bekanntlich – mit einem frei-

getan hat, eine solche rügeverkümmernde Wirkung zu, so betrifft diese praktisch alle Verfahrensrügen, die üblicherweise durch das Hauptverhandlungsprotokoll beweisen werden.[376] Beschleunigungspotential[377] hat die Zulassung einer Rügeverkümmerung naturgemäß nur für das Rechtsmittelverfahren, dort dann jedoch u.U. erheblich, wenn die Revision wegen der Verkümmerung der Verfahrensrüge statt Aufhebung und Zurückverweisung verworfen werden kann.

bb) Ohne dass dies hier ausführlich nachgezeichnet werden könnte,[378] überwiegen inhaltlich die Bedenken gegen diesen Rechtsprechungswandel: Denn schon das – kurz vorher auch vom 3. Senat in seiner „Missbrauchsentscheidung“[379] herangezogene – zentrale Argument des Großen Senats (neben der recht pauschalen Berufung auf das Beschleunigungsgebot und einer Abrechnung mit einem angeblich veränderten anwaltlichen Berufsethos), § 274 schaffe keine eigene „prozessuale Wahrheit“ überzeugt kaum uneingeschränkt: Zwar wird eine Behauptung nicht durch ihre prozessuale Beweisbarkeit „wahr“, und aus der Beweisbarkeit folgt daher auch nicht *zwingend* die prozessuale Schutzwürdigkeit einer (materiell unwahren) Behauptung. Umgekehrt ist damit aber auch noch nicht ausgemacht, dass wegen der *Möglichkeit einer gedanklichen Trennung* von „Wahrheit“, „Behauptbarkeit“ und „Beweisbarkeit“ Letzteres *strafprozessrechtlich* keinesfalls auf die ersten beiden Kategorien zurückwirken würde.[380] Vielmehr spricht die Tatsache, dass durch die Beweiskraft des § 274 gestützte „Behauptungen“ eben nicht widerlegt werden können, gegen eine solche strikte Trennung.[381] Dass ferner

lich sehr bedenkenswerten Sondervotum der drei „Hochschullehrerrichter“ – letztlich bejaht, wobei allerdings die dafür u.a. herangezogene Figur der „Gesetzeslücke“ wohl überstrapaziert wurde, vgl. *Kudlich/Christensen*, JZ 2009, 943 ff., sowie *Bertheau*, NJW 2010, 973, 974.

[376] Von besonderem praktischen Interesse ist er dabei bei den (durchwegs solche Verfahrensrügen erfordernden) absoluten Revisionsgründe, bei denen ein unerwünschtes Ergebnis nicht durch genügend entsprechend restriktive Interpretationen des Beruhenserfordernisses vermieden werden kann.

[377] Der Beschleunigungsgrundsatz ist eines der Argumente, welches der Große Strafsenat auch für die Rechtsprechungsänderung herangezogen hat, vgl. BGHSt 51, 298, 310.

[378] Zum Standpunkt des Verfassers vgl. insoweit bereits *Kudlich*, BLJ (www.lawjournal.de) 2007, 125 ff. sowie (mit Blick auf die „Missbrauchsentscheidung“ des 3. Strafsenats) auch *ders.*, HRRS 2007, 9 ff.

[379] Vgl. BGHSt 51, 88 m. Anm. *Fahl*, JR 2007, 34 ff.; *Hollaender*, JR 2007, 6 ff.; *Kudlich*, HRRS 2007, 9 ff.

[380] Kritisch etwa auch *Kühne*, GA 2008, 361, 371 f.

[381] Zum Vergleich: Nach allgemeinen Regeln „beweisbar“ ist auch eine Behauptung, für die nur ein diese Behauptung beteuernder Zeuge benannt werden kann; bestätigt dieser die Behauptung, sagt dies aber noch nichts darüber aus, ob das Gericht ihm Glauben schenken wird. Dagegen steht die „Glaubwürdigkeit“ des Hauptverhandlungsprotokolls (abgesehen von den Fällen einer Berichtigung, einer Fälschung oder

eine formelle Bewertung auch i.S. eines „eigenen Realitätsbegriffs“ trotz des Grundsatzes der materiellen Wahrheit im Strafverfahren für die Revision durchaus kein Fremdkörper ist, lässt sich etwa an Konstellationen nach Rechtsmittelbeschränkungen zeigen.[382]

Hinzu kommt, dass unter teleologischen Aspekten die zentrale Funktion des § 274, allen Prozessbeteiligten in der höheren Instanz Beweisschwierigkeiten zumindest grundsätzlich zu ersparen[383] und dadurch effektiven Rechtsschutz zu ermöglichen,[384] erheblich in Mitleidenschaft gezogen wird. Zuletzt können auch die praktischen Konsequenzen der Entscheidung samt den Handreichungen zum „Verfahren“ bei nachträglicher Protokollberichtigung nicht völlig überzeugen. Denn die vom Großen Senat dem Beschwerdeführer eingeräumte Möglichkeit, seine Revisionsbegründung „nachzubessern“, kann den behaupteten Beschleunigungseffekt zumindest teilweise wieder aufzehren,[385] und das eingeräumte „Widerspruchsrecht“ der „Gegenpartei“ droht bei der Revision der Verteidigung zumindest partiell leer zu laufen, wenn man die wohl geringen Erfolgsaussichten eines solchen „Widerspruchs“ und das u.U. drohende Risiko einer eigenen Verfolgung des Verteidigers wegen Strafvereitelung berücksichtigt, wenn das Revisionsgericht der diametral entgegengesetzten Aussage der Urkundspersonen Glauben schenkt und damit aus seiner Sicht feststeht, dass der widersprechende Verteidiger zumindest objektiv die Unwahrheit gesagt hat.

cc) Vor dem Hintergrund dieser Argumentation ergibt sich zwanglos, dass an sich eine – freilich realistischerweise nicht zu erwartende – Rückkehr zur bis vor kurzem ständigen Rechtsprechung, jedenfalls aber eine enge Handhabung der Rügeverkümmerung wünschenswert wäre, wie sie zuletzt in der Entscheidung BGH NJW 2009, 2836 immerhin deutlich geworden ist.

c) Einschränkung bzw. Relativierung der absoluten Revisionsgründe

aa) § 338 sieht vor, dass die in ihm aufgegriffenen Rechtsgarantien (etwa auf den gesetzlichen sowie auf einen nicht befangenen Richter, auf Beachtung des Öffentlichkeitsgrundsatzes etc.) im Falle ihrer Verletzung vergleichsweise leicht erfolgreich vor dem Revisionsge-

---

einer ausnahmsweisen Durchbrechung der Beweiskraft) an sich gerade nicht zur Disposition des Gerichts.

[382] Näher *Kudlich*, BLJ 2007, 125, 127f.

[383] Vgl. dazu auch bereits näher *Bosch*, JA 2006, 578, 579f.

[384] Vgl. *Jahn/Widmaier*, JR 2006, 166, 169; *Bosch*, JA 2006, 578, 580.

[385] Vgl. auch *Bosch*, JA 2006, 578, 580.

richt geltend gemacht werden können. Dies kann bei strikter Anwendung zur Aufhebung eines materiell betrachtet überzeugenden Urteils aus formalen Gründen zwingen. Um dies im Einzelfall zu vermeiden, gibt es verschiedene Einschränkungs- bzw. Relativierungsstrategien bei den absoluten Revisionsgründen,[386] deren Beschleunigungspotential (wie bei der Rügeverkümmerung) in der Ersparnis einer nochmaligen Verhandlung liegt. Auch die noch weitergehende Kritik, ob die absoluten Revisionsgründe überhaupt (alle) „zur Erreichung der mit der Revision verfolgten Zwecke notwendig“[387] sind, ist schon alt.[388] Wird freilich dadurch einer Revision der Erfolg versagt, so ist dies nicht nur eine Einschränkung des Rechtsmittelrechts, sondern mittelbar auch der (durch die Aufnahme in § 338 „besonders geadelten“) Verfahrensgarantie, die verletzt wurde. Dass die Versuchung, solche Einschränkungen vorzunehmen, im Einzelfall groß sein kann, ist ebenso evident wie die Tatsache, dass Einschränkungen dieser Garantien in einem bewusst formal ausgestalteten Bereich besonders genau zu prüfen sind.

bb) In der gegenwärtigen gesetzlichen Systematik bzw. der gerichtlichen Handhabung der Vorschrift lassen sich verschiedene Einschränkungsmechanismen unterscheiden:[389]

- Eine gesetzliche Präklusionsregelung i.e.S. enthält § 338 Nr. 1 i.V.m. den 1979 eingeführten[390] §§ 222a, 222b hinsichtlich der fehlerhaften Gerichtsbesetzung. Damit wird die „Wirkmacht“ der Vorschrift stark beschnitten, obwohl sich durch Ablauf der Einwendungsfrist weder an der Intensität des Eingriffs in das Grundrecht auf den gesetzlichen Richter noch an der Schwierigkeit des Beruhensnachweises etwas ändert. Vielmehr handelt es sich um einen letztlich *rechtpolitische motivierte Einschränkung* der Revisibilität, die freilich dem Gesetzgeber ebenso freisteht wie die Einstufung eines Verstoßes als absoluter Revisionsgrund.
- Demgegenüber sind die gemeinhin als hoch, mitunter sogar als zu hoch empfundenen Anforderungen an die Begründung von Verfahrensrügen nach § 344 II 2[391] (die auch absolute Revisionsgründe maßgeblich mit betreffen) in letzter Konsequenz richterlich geprägt. Auch hier gilt, dass eine „unperfekte“ Rüge den Verfahrens-

---

[386] Vgl. zusammenfassend bereits vor fast 30 Jahren *Mehle*, Einschränkende Tendenzen im Bereich der absoluten Revisionsgründe, sowie aus neuerer Zeit *Kudlich*, Fezer-FS, S. 435, 438 ff.

[387] Vgl. LR-*Hanack*, § 338 Rn. 1.

[388] Vgl. nur *Cramer*, Peters-FS, S. 239 ff.

[389] Näher auch nochmals *Kudlich*, Fezer-FS, S. 435, 441 ff.

[390] BGBl. 1978 I, S. 1645, 1647 f.

[391] Zusammenfassend zu diesen Anforderungen aus jüngerer Zeit *Lips*, JA 2006, 719 ff.

verstoß nicht abmildert; eine rechtspolitische Einschätzungsprärogative wie der Gesetzgeber hat die Rechtsprechung demgegenüber aber nicht, so dass allzu hohe Anforderungen hier nur legitim sind, soweit dem Revisionsgericht wegen der unzureichenden Rügebegründung eine Überprüfung des Verfahrensfehlers nicht möglich ist.

- Während die beiden erstgenannten Fälle Zulässigkeitshürden darstellen, ist die Begründetheit der Revision angesprochen, soweit der Anwendungsbereich der absoluten Revisionsgründe – insbesondere bei (vermeintlichen) Bagatellfällen – einschränkend ausgelegt (oder bis hart an der Grenze zur Rechtsfindung *contra legem* teleologisch reduziert) wird. Beispiele hierfür sind die Beschränkung des § 338 Nr. 1 auf Willkür bzw. unvertretbare Entscheidungen bei Besetzungsfehlern,[392] die einschränkende Auslegung des § 338 Nr. 6 bei unzulässigen Erweiterungen der Öffentlichkeit[393] und bei nicht vom Tatgericht verschuldeten Verletzungen[394] sowie die Anwendung des § 338 Nr. 5 nur bei fehlender Anwesenheit während wesentlicher Teile der Hauptverhandlung.[395] „Emotional" ist das Bestreben, ein Urteil zu halten, in solchen Fällen nachvollziehbar – gesetzliche Anknüpfungspunkte für diese Einschränkungen sind freilich nur schwer zu benennen.
- Nicht beim (vermeintlich) fehlenden besonderen Gewicht des Fehlers, sondern bei der *ratio* der absoluten Revisionsgründe, dem Revisionsführer den Nachweis eines kaum ausschließbaren, aber im Einzelfall schwer plausibel zu machenden Beruhens zu ersparen,[396] setzen weitere Restriktionsbemühungen an. Beispiele liefert die Rechtsprechung hier etwa zu § 338 Nr. 6 (in einem Fall, in dem unzulässigerweise während der Dauer eines Ausschlusses der Öffentlichkeit ein Hinweis nach § 265 erfolgt, dann aber antragsgemäß verurteilt worden war,[397] sowie in einem weiteren

---

[392] Vgl. BGHSt 12, 227, 234f.; 12, 402, 405; 27, 105, 107; 34, 121, 123; 50, 132, 137; Nachweis über unveröffentlichte Entscheidungen bei *Rieß*, GA 1976, 133, 134 (dort Fn. 4); aus der Literatur – teils neutral referierend, teils kritisch – etwa *Rieß*, GA 1976, 133, 136ff.; *Dahs*, GA 1976, 353, 357ff.; LR-*Hanack*, § 338 Rn. 11; *Husheer* StV 2003, 658; *Mehle*, Einschränkende Tendenzen im Bereich der absoluten Revisionsgründe, S. 133ff., 137.

[393] Vgl. nur LR-*Hanack*, § 338 Rn. 107 m. w. N.; RGSt 3, 295, 297; 77, 186; BGHSt 10, 202, 206f.; 23, 176, 178.

[394] Vgl. BGHSt 21, 72, 74; 22, 297, 301f.; BGH NStZ 1995, 143f.; LR-*Hanack*, § 338 Rn. 113 m. w. N.

[395] Vgl. nur BGHSt 15, 263, 264f.; BGH NStZ 1983, 36; aus der Literatur *Gössel*, NStZ 2000, 181, 182, kritisch LR-*Harnack*, § 338 Rn. 84 m. w. N.

[396] Zu diesem gemeinsamen Grund für die Anorderung absoluter Revisionsgründe neben der besonderen rechtsstaatlichen Bedeutsamkeit der betroffenen Rechte, vgl. näher *Kudlich*, Fezer-FS, S. 435, 439f.

[397] BGH NStZ 1999, 371.

Fall, in dem bei Anwendung des § 171b I 1 GVG die nach § 174 I 3 GVG vorgeschriebene Begründung des Beschlusses unterblieben, die Rechtmäßigkeit des Beschlusses aber unzweifelhaft war) sowie zu § 338 Nr. 3 (bei einer unzulässigen Anwendung des § 26a, während der BGH der Auffassung war, der Antrag hätte unter Berücksichtigung von § 27 als unbegründet verworfen werden müssen[398]).

cc) Insgesamt streiten gute Gründe nicht nur für die grundsätzliche Beibehaltung, sondern auch für eine konsequente Anwendung der absoluten Revisionsgründe in ihrer gegenwärtigen Form. Dass angesichts der unflexiblen Rechtsfolge auf Tatbestandsebene mitunter eine restriktive Auslegung vorgenommen wird, ist nicht generell zu kritisieren, auch wenn die dazu anerkannten Fallgruppen bzw. die dafür herangebrachten Argumente teilweise zufällig wirken. Entscheidendes Kriterium (das gegenüber dem bisherigen Stand der Rechtsprechung teils zu weiteren, teils zu engeren Ergebnissen führt) müsste nach dem Sinn und Zweck der absoluten Revisionsgründe[399] sein, ob ein Beruhen nicht nur nicht ohne weiteres plausibel darlegbar, sondern denkgesetzlich ausgeschlossen ist.[400]

III. Zusammenfassende Würdigung

1. Vom exzeptionellen Notbehelf zum „Kochrezept"

a) Die unter II. beschriebenen Phänomene haben – was sich teilweise sogar in der stark verknappten Zusammenstellung nachvollziehen lässt – mit der unter D. (S. 54ff.) skizzierten Entwicklung im Kontext „Beweisantragsrecht und Beschleunigungsgebot" eine Tendenz zur Ausweitung gemein: Nicht selten ist Anlass einer Einschränkung des Rechts eine spezielle, im Einzelfall auch mehr oder weniger exzeptionellen Konstellation; die dafür gefundene Lösung wird dann jedoch – teils rascher (wie bei der Rügeverkümmerung), teils in tastenden Schritten (wie etwa bei der Widerspruchslösung) – generalisiert. Eine solche Entwicklung zeigt sich etwa an den folgenden Beispielen:[401]

---

[398] Vgl. nur BGHSt 18, 200, 203; 23, 265. Anders dann aber (im Anschluss an BVerfG NJW 2005, 3410) BGHSt 50, 216 m. Anm. *Kudlich*, JA 2006, 253f.

[399] Mit Ausnahme des § 338 Nr. 7 der keine unwiderlegliche Vermutung, sondern eine Fiktion darstellt.

[400] Vgl. zu diesem Kriterium auch LR-*Hanack*, § 338 Rn. 4 m.w.N.

[401] Für die Entwicklung bei der Fristsetzung für Beweisanträge vgl. nochmals S. 75f.

- Präklusionsvorschriften bilden auch in der geltenden StPO zwar klare Ausnahmen, haben jedoch gegenüber der Ursprungskonzeption zugenommen (wie schon das verräterische „a" etwa in §§ 6a, 222a zeigt).
- Die (ohnehin auf einen engen Anwendungsbereich beschränkten) absoluten Revisionsgründe führen in ihrer ursprünglichen rigorosen Konzeption gerade stets zur Aufhebung des Urteils. Dieses Konzept wird – offen oder verdeckt – teils durch gesetzliche Einschränkungen (abermals Stichwort „Präklusion", vgl. nur § 338 Nr. 1 i.V.m. § 222a bzw. § 338 Nr. 4 i.V.m. § 6a) teils durch eine einschränkende Auslegung bestimmter Vorschriften durch die Gerichte (etwa zur „Verletzung der Vorschriften über die Öffentlichkeit") eingeschränkt.
- Der Widerspruchslösung ist der Durchbruch maßgeblich im Zusammenhang mit dem zuvor in der Rechtsprechung nicht anerkannten Beweisverwertungsverbot bei fehlender Beschuldigtenbelehrung nach § 136 I 2 gelungen;[402] die nachfolgende Rechtsprechung ist von einer Ausweitung des Widerspruchserfordernisses auch auf andere Fälle geprägt, in denen die grundsätzliche Möglichkeit des Eintritts eines Beweisverwertungsverbotes nicht immer ähnlich strittig (gewesen) ist.
- Anlass für das Nachdenken über eine „Rügeverkümmerung" nach einer Protokollberichtigung dürften durchaus Fälle gewesen sein, in denen die Unrichtigkeit des Protokolls mehr oder weniger evident hervorgetreten ist. Nicht umsonst hat der 3. Strafsenat ungefähr zeitgleich mit dem Vorlageverfahren zur Rügeverkümmerung im Fall einer seiner Auffassung nach bewussten Berufung auf ein evident unrichtiges Protokoll eine Lösung über den Missbrauchsgedanken gesucht und gefunden. Durch die generelle Möglichkeit der Rügeverkümmerung bei Protokollberichtigung wird die Revision nicht nur in solchen Fällen, sondern letztlich bei jeder Verfahrensrüge, in deren Folge das Hauptverhandlungsprotokoll – sei es zu Recht oder sei es zu Unrecht – geändert wird, im Ergebnis mehr oder weniger unmöglich gemacht.

b) Mit dieser Ausweitung eng verbunden, ist eine (ebenfalls schon zum Beweisantragsrecht konstatierte) Entwicklung weg von einer Missbrauchskontrolle hin zur Durchsetzung des Beschleunigungsgebotes im Sinne einer allgemeinen Verfahrensverschlankung. Anders gewendet: Der Beschleunigungsgrundsatz wird nicht mehr nur herangezogen, um dysfunktionalen Verfahrensverzögerungen entgegenzutreten, sondern entfaltet seine Wirkung auch gegenüber solchen, einem Rechtsstaat durchaus gut zu Gesicht stehenden „Ent-

[402] Vgl. BGHSt 38, 214, 225f.

schleunigungen", die ihren guten Grund haben bzw. die in der Gewährung bestimmter Verfahrensgarantien zwangsläufig angelegt sind:[403]

- Evident ist dies etwa in der Rechtsprechung zur Rügeverkümmerung, wenn nicht nur die (vermeintlich) missbräuchliche, sondern jede Verfahrensrüge unterbunden werden kann, wenn sie sich auf einen Protokollinhalt stützt, an den sich die Urkundspersonen – überspitzt ausgedrückt – nachträglich nicht mehr gebunden fühlen (wollen).
- Auch die gesamte Institution „Widerspruchslösung" ist dadurch geprägt, dass sie zur Erfolglosigkeit der späteren Revision führen kann, obwohl der entscheidende Fehler gleich in doppelter Weise bei den Strafverfolgungsbehörden (zunächst Fehler bei der Beweiserhebung; anschließende Nichtbeachtung des daraus erwachsenden Beweisverwertungsverbotes) liegt und somit von einer missbräuchlichen Berufung auf dieses Beweisverwertungsverbot keine Rede sein kann.

c) Nun muss dieser Befund kein Grund sein, in „rechtsstaatlicher Panik" nach Art von Chicken Little das Herabfallen des Himmels heraufzubeschwören. Die rechtsstaatlichen Standards im deutschen Strafverfahrensrecht sind insgesamt immer noch als gut zu erachten. Gleichwohl zeigt die Entwicklung, dass insbesondere unter dem Stichwort des Beschleunigungsgebots diesen Standards Gefahr droht, die dadurch eher vergrößert als verringert wird, dass die Entwicklung im oben beschriebenen Sinne allmählich und durch eine langsame Ausweitung von an sich konsentierten Ausgangsfällen her erfolgt.

Umgekehrt zeigt die Entwicklung aber auch etwas anderes: Werden die Hürden für die Abwehr eines wirklich missbräuchlichen Verteidigungsverhaltens zu hoch gelegt, reagiert die Rechtsprechung (und gegebenenfalls auch der Gesetzgeber) im Einzelfall darauf mit präventiven Erwägungen unter dem zunächst unverdächtig erscheinenden (und auf den ersten Blick sogar ambivalent zu verstehenden) Stichwort des „Beschleunigungsgebotes". Wer sich einer Sanktionierung von Fällen „echten" missbräuchlichen Verschleppungsverhaltens zu rigoros in den Weg stellt, ist möglicherweise langfristig mit dafür verantwortlich, wenn der Verteidigung Steine statt Brot gegeben werden und die Ausübung von Rechten auch bei nicht-dysfunktionalen Verteidigungsverhalten erschwert wird.

---

[403] Zur Entwicklung im Beweisantragsrecht vgl. nochmals oben S. 74 f.

2. *Bewertungsmaßstäbe: einfachgesetzlich – verfassungsrechtlich – rechtspolitisch*

Soweit die oben behandelten Fallgruppen vorrangig die *lex lata* zum Gegenstand haben, stellt sich die Frage, ob derartige Beschränkungen mangels expliziter Normierung überhaupt formell rechtmäßig möglich sind. Dabei muss man sich im Ausgangspunkt vergegenwärtigen, dass durch die genannten Beschränkungsinstrumentarien grundsätzlich in – mehr oder weniger spezifische – Prozessgrundrechte eingegriffen wird bzw. diese jedenfalls in einer restringierenden Weise konturiert werden. Zentral ist hier insbesondere der Anspruch auf rechtliches Gehör gem. Art. 103 I GG, aber auch der subjektive Anspruch auf ein faires Verfahren, der verfassungsrechtlich an Art. 2 I GG i.V.m. Art. 20 III GG sowie darüber hinaus auch noch konventionsrechtlich an Art. 6 I EMRK festgemacht werden kann.[404] Eine solche Beschränkung prozessualer Rechte ist nun zwar nach h.M. nicht am Maßstab des Art. 103 II GG zu messen. Allerdings ist davon auszugehen, dass auch (und gerade) im Strafverfahrensrecht statt des speziellen strafrechtlichen zumindest das allgemeine öffentlichrechtliche Gesetzlichkeitsprinzip gilt, m.a.W.: der allgemeine Gesetzesvorbehalt, aus welchem insoweit ähnliche Konsequenzen – gerade auch hinsichtlich des Gebotes der *lex scripta* – abzuleiten sind.

Dabei ist freilich zu bedenken, dass sowohl der Anspruch auf rechtliches Gehör als auch (und insbesondere) der Anspruch auf ein „faires Verfahrens" in hohem Maße normgeprägte Garantien sind.[405] Das bedeutet, „das rechtliche Gehör" bzw. „das faire Verfahren" sind weniger leicht vornormativ greif- und verstehbar (als etwa Termini wie Leben, Meinung oder Freizügigkeit in Art. 2 II, 5 I, 13 GG). Rechtliches Gehör und faire Verfahrensstrukturen können daher im Grundsatz erst einmal nur dadurch gewährt werden, dass sie durch den Staat zur Verfügung gestellt werden. Da es sich insoweit nicht um absolute, jeder Abwägung bzw. Wechselwirkung entzogene Garantien handelt, wird damit in formeller Hinsicht eine solche Verfahrensgarantie erst einmal in dem Umfang gewährt, in dem sie spezialgesetzlich vorgesehen ist. Das bedeutet zwar nicht, dass die spezialgesetzliche Ausprägung nicht am (materiellen) Maßstab der Verfassung gemessen werden könnte; sehr wohl ist es aber so, dass nicht automatisch jeder neue *gesetzliche* (!) Zustand in das Grund-

[404] Vgl. dazu ausführlich bereits oben S. 22ff.

[405] Zu Art. 103 I GG vgl. etwa BVerfGE 67, 208, 211; zur Frage der normgeprägten Verfahrensgrundrechte auch bereits *Kudlich*, Mißbrauchsverbot, S. 127f.

recht eingreift, nur weil er nicht die bisherige Gewährleistungstiefe erreicht.[406] Wird aber umgekehrt ein bestimmter Umfang durch die gesetzliche Regelung zur Verfügung gestellt, so sind Verkürzungen dieses Zustandes *durch den Rechtsanwender* als Grundrechtseingriffe legitimierungsbedürftig (und sollten als solche regelmäßig auch auf gesetzlicher Grundlage erfolgen).

3. Fazit

Insgesamt lassen sich diverse Erschwernisse für die Geltendmachung von Verfahrensgarantien und damit für die prozessuale Rechtsausübung nachweisen. Interessanterweise werden diese Hürden in der jüngeren Vergangenheit weniger stark durch den Gesetzgeber als vielmehr durch die (insbesondere höchstrichterliche) Rechtssprechung aufgebaut. Dies ist systematisch halbwegs überraschend, wenn man sich vor Augen hält, dass die stark normgeprägten Verfahrensgrundsätze dem Gesetzgeber an sich keine engen Fesseln anlegen würden, während ein richterliches Judizieren hart an der oder sogar jenseits der Grenze einfachgesetzlicher Regeln mit Blick auf den allgemeinen Gesetzesvorbehalt in verfassungsrechtlicher Hinsicht problematisch ist. In einigen Bereichen kommt hier einer restriktionsfreundlichen Rechtsprechung zwar zu Gute, dass Details der Rechtsausübung nicht geregelt bzw. offen formuliert sind und etwa in einem Spannungsverhältnis zu anderen prozessualen Verfahrensabläufen (nicht zuletzt auch zur Verhandlungsleitung nach § 238) stehen. Teils werden die vom einfachen Gesetzgeber errichteten Hürden aber auch recht zwanglos schlicht umlaufen, wie etwa bei der Einschränkung des § 246 I durch die allgemeine Befugnis zur Verfahrensleitung nach § 238 I in den Fällen der Fristsetzung des Beweisantragsrechts oder aber auch durch die Anerkennung eines Hauptverhandlungsprotokolls ohne formelle Beweiskraft in Fällen der Rügeverkümmerung (nach Ansicht des BVerfG freilich: aufgrund einer angeblichen Gesetzeslücke[407]).

Eine Bewertung dieser Entwicklung muss ein differenzierendes Bild zeichnen: Hält man sich vor Augen, dass nach einer mehr oder weniger starken Selektion bereits durch das Ermittlungsverfahren und die damit verbundenen Einstellungsmöglichkeiten regelmäßig nur noch eine bestimmte Vorauswahl von Fällen überhaupt im

---

[406] Vgl. auch BVerfG NJW 2009, 1469, 1474, sowie BVerfG NJW 2010, 592 (beide freilich nicht zu gesetzlichen Änderungen, bei denen dieser Gedanke dann aber erst recht gelten muss).

[407] Vgl. nochmals Fn. 375.

Hauptverfahren verhandelt wird, so ist aus Sicht der damit befassten Gerichte in Zeiten großen Erledigungsdruckes im Einzelfall gewiss nachvollziehbar, wenn bestimmte Verteidigungsstrategien als Verzögerung bewertet werden. Die Suche nach möglichst wirkmächtigen Instrumentarien zur Beschleunigung solcher Verfahren ist daher im Ausgangspunkt verständlich. Gleichwohl wird sie dort problematisch, wo die Instrumente „nur" einer Beschleunigung im Sinne einer allgemeinen Verschlankung dienen, ohne dass die Verzögerung auf einen Missbrauch bzw. auf einen dysfunktionalen Verteidigungsverhalten beruht. Denn hier werden einseitig Stellschrauben im Gesamtsystem zum Nachteil des Angeklagten bzw. der Verteidigung nachgezogen, die unter den Ursachen des Beschleunigungsdrucks bzw. der Überlastung der Justiz nur einen kleinen Ausschnitt bilden (vgl. bereits auch oben S. 18ff.). Die realen Machtverhältnisse im Strafverfahren, insbesondere die Prägung der Verfahrenswirklichkeit durch die obergerichtliche Rechtsprechung und die (teils kritisch zu sehende, teils aber ungeachtet der strafprozessualen Fragen jedenfalls kompetenzmäßig auch berechtigt) wenig engmaschige Kontrolle solcher Entwicklungen durch das BVerfG machen es faktisch für den einzelnen Angeklagten bzw. Verteidiger ausgesprochen schwer, Verfahrensrechte effektiv geltend zu machen, wenn gerichtlicherseits eine Beschränkung beabsichtigt ist. Umso wichtiger ist der gerade mit einer Veranstaltung wie dem Deutschen Juristentag verbundene rechtspolitische Appell, diese Beschränkungen (selbst-)kritisch zu überdenken, wo sie nur der Erschwernis solcher Rechte dienen, die der Verteidigung vom Gesetzgeber – und zwar auch in Kenntnis der durch ihre Ausübung möglicherweise verbundenen Verfahrensverzögerung – zugestandenen worden sind.

F. Zusammenfassendes Fazit

Der Beschleunigungstopos hat in den letzten Jahren in verschiedenen Feldern des Strafverfahrens zunehmend an Bedeutung gewonnen. Der Grund für diese Betonung der Verfahrensbeschleunigung durch den Gesetzgeber und insbesondere durch die Gerichte dürfte allenfalls zum Teil als Reaktion auf ein verändertes Verteidigerverhalten zu verstehen sein, sondern ist vielmehr v.a. einem (isoliert betrachtet durchaus nachvollziehbaren) großen und ständig steigenden Erledigungsdruck geschuldet, der freilich im Ausgangspunkt durch andere Faktoren (personelle Ausstattung der Justiz; Ausweitung und Verkomplizierung des materiellen Strafrechts usw.) maßgeblich beeinflusst und erhöht wird.

Ein solches Bemühen um Beschleunigung hat gewiss positive Aspekte, da sie auch grundgesetzlich und konventionsrechtlich generell geboten ist. Vielfach dienen entsprechende Maßnahmen bei näherer Betrachtung aber nicht der beschuldigtenschützenden, sondern allein der verfahrensökonomischen Dimension des Beschleunigungsgebotes. Dies macht eine genaue Prüfung der durch beschleunigende Maßnahmen betroffenen Beschuldigten- bzw. Verteidigungsrechte erforderlich, die auch ihrerseits vielfach verfassungsrechtlich verbürgt sind. Auch nach diesem Maßstab können beschleunigende Maßnahmen ohne weiteres möglich bleiben, soweit damit verbundene Rechtsverluste hinreichend kompensiert werden bzw. soweit sie zur Bekämpfung von tatsächlich verschleppendem (missbräuchlichem) Verhalten geboten sind. Problematisch freilich ist die Ausweitung solcher Maßnahmen auf alle Strafverfahren im Sinne einer allgemeinen Verfahrensverschlankung.

Vor diesem Hintergrund ist die gesetzliche Regelung der Verständigung im Strafverfahren durchaus begrüßenswert, da hier beide Dimensionen des Beschleunigungsgebotes bedient werden können. Ungeachtet eines Diskussionsbedarfs zu Einzelfragen ist dabei die gesetzliche Regelung auch keinesfalls so „rundum misslungen", wie mitunter behauptet,[408] und Abweichungen von den bisher geltenden Prozessmaximen sind zu großen Teilen durch eine geänderte, diese Prozessmaximen nunmehr eben anders konturierende *lex lata* zu-

---

[408] Vgl. etwa *Schünemann,* StraFo 2010, 90, 95 („hanebüchene Oberflächlichkeit dieses Gesetzes"); *ders.* ZIS 2009, 484, 490ff.; *Altenhain/Haimerl,* JZ 2010, 327ff. („verweigerte Reform"); *Bittmann,* wisra 2009, 424, 417 („Wenn es eines Gesetzes über die Verständigung im Strafverfahren bedurfte, dann jedenfalls nicht dieses"). *Fezer,* NStZ 2010, 177ff.

mindest formell legitimiert. Zwangsläufig schwer aufzulösende Friktionen ergeben sich freilich zwischen einem zum Verfahrensprinzip erhobenen Konsensgrundsatz und der nach dem Willen des Gesetzgebers ausdrücklich uneingeschränkt fort geltenden Aufklärungspflicht.

Demgegenüber kann eine Fristsetzung für Beweisanträge jedenfalls als generelles (unabhängig von einem etwaigen missbräuchlichen Antragsverhalten im Vorfeld angewendetes) Instrument in Großverfahren nicht überzeugen. Soweit es um andere Fälle der Erschwerung der Ausübung von Verteidigungsrechten geht, ist zu berücksichtigen, dass diese *de lege lata* formell mitunter als Eingriffs in eine verfassungsrechtlich geschützte (z.B. Art. 103 I GG) Rechtsposition problematisch sein können. Auch inhaltlich sind sie zweifelhaft, soweit sie alleine der Verfahrensverschlankung dienen, ohne dass ein entsprechender Missbrauch ersichtlich wäre. Insoweit lässt sich durchaus ein gewisser Wandel der Strafprozessrechtskultur feststellen, der freilich nicht vorschnell als Ende des liberalen Strafprozesses begriffen werden sollte. Denkbar und legitim sind Erschwernisse der Rechtsdurchsetzung dagegen in Fällen eines Missbrauchs sowie – damit eng verwandt – als Ausfluss einer teleologischen Reduktion, wenn bestimmte Verfahrensbefugnisse in Anspruch genommen werden, obwohl der mit der jeweiligen Verfahrensgarantie verfolgte Zweck in keiner Weise einschlägig ist und damit alleine eine Verfahrensverzögerung als Selbstzweck erreicht wird.

G. Thesen

I. Beschleunigungsbedarf und Beschleunigungsmöglichkeiten

1. „Das“ Beschleunigungsgebot hat zwei Dimensionen, die keinesfalls zwangsläufig parallel laufen: eine beschuldigtenschützende und eine verfahrensökonomische Dimension, von denen allein die beschuldigtenschützende auch unmittelbar konventionsrechtlich fundiert ist.
2. Die Gestaltung des Verfahrensrechts i.e.S. ist nur eine „Stellschraube“ bei der Steuerung der Geschwindigkeit der Erfassung von Kriminalität und ihrer gerichtlichen Verarbeitung. Daneben spielen insbesondere auch vorhandene justizielle Ressourcen sowie materiell-strafrechtliche Regelungsdichte und -qualität eine wichtige Rolle. Jedenfalls diese beiden Aspekte sind in den letzten Jahren und Jahrzehnten im deutschen Strafrechtssystem nicht beschleunigungswirksam gestaltet worden.

II. Insbesondere: Verständigung im Strafverfahren

3. Absprachen im Strafverfahren sind (vorbehaltlich ihrer Würdigung im Übrigen) mit Blick auf das Beschleunigungsgebot ein effektives und dabei sowohl funktionstüchtigkeitssicherndes als auch ein beschuldigtenschützendes Instrumentarium zur Verfahrensbeschleunigung, das durch die Regelungen des Verständigungsgesetzes als grundsätzlich legitim anerkannt ist.
4. Informellen, „heimlichen“ Verständigungen kommen nicht nur die in § 257c vorgesehene Rechtswirkungen nicht zu, sondern sie können auch jenseits der neuen gesetzlichen Regelung in keine verbindliche Form gegossen werden. Gleichwohl führt das nicht per se zu ihrer umfassenden „Rechtswidrigkeit“. Ein „informelles Abtasten“ sollte auch weiterhin möglich bleiben, und auch Mitteilungs- und Dokumentationspflichten sollten in diesem Stadium im Wege einer teleologischen Reduktion noch keine Geltung beanspruchen.
5. Die Verständigungsvoraussetzung eines Geständnisses (§ 257c II 2) hat nur für verfahrensbeendende Verständigungen Bedeutung. Auf Grund der Formulierung als Soll-Vorschrift sind aber auch hierbei Fälle denkbar, in denen es ohne Geständnis zu einer

Verständigung kommt. Wo ein Geständnis erforderlich ist und abgegeben wird, sind die Anforderungen daran nicht zu überspannen („schlankes Geständnis“ grundsätzlich ausreichend, soweit es mit der Aktenlage vereinbar ist).

6. Das Übersehen „rechtlich oder tatsächlich bedeutsamer Umstände“ für den Wegfall der Bindung einer Verständigung ist restriktiv auszulegen, wobei insbesondere berücksichtigt werden kann, dass bei einem Vorgehen nach § 257c die Grenzen einer noch schuldangemessenen Strafe vergleichsweise tief liegen können.
7. Die radikale Lösung einer Unwirksamkeit jedes Rechtsmittelverzichts nach einer Verständigung ist regelungssystematisch nicht zu erklären.
8. Gleichwohl sollte zur Vermeidung von Fehlanreizen auch ein Rechtsmittelverzicht nach einer „informellen“, nicht in die Form des § 257c gegossenen Absprache als unwirksam behandelt werden.
9. Hinsichtlich der Geltung eines „Konsensprinzips“ im Strafverfahren nach dem Verständigungsgesetz sind Gesetzesbegründung, aber auch Gesetzesfassung in gleicher Weise divergent. Dennoch kann eine konsensfreundlichere Grundhaltung in der jetzt geltenden StPO nicht geleugnet werden. Die fortgeltende Amtsaufklärungspflicht lässt sich mit einem Konsensprinzip zumindest insoweit vereinen, als auch vor dem Verständigungsgesetz der Umfang der Beweisaufnahme selbstverständlich davon abgehangen hat, wie die Beweis- und insbesondere Geständnislage zu einem bestimmten Problem sich dargestellt hat.

III. Insbesondere: Fristsetzung für Beweisanträge

10. Die insbesondere in der jüngeren Rechtsprechung einzelner Strafsenate entwickelte und auf § 238 gestützte (sowie vom BVerfG gebilligte) Fristsetzung für Beweisanträge ist grundsätzlich auch am Maßstab des § 246 I zu messen. Soweit aus der Überschreitung der Frist ohne weiteres ein gewichtiges Indiz für eine Verschleppungsabsicht (§ 244 III 2 Mod. 6) abgeleitet wird, handelt es sich um eine verkappte Präklusion, die § 246 I gerade untersagen will.
11. Eine Fristsetzung für die Stellung von Beweisanträgen ist als Mittel einer etwa erforderlichen „Missbrauchsabwehr“ bei Missbrauch des Beweisantragsrechts vorstellbar und stellt insbesondere ein vergleichsweise milderes Mittel als weitergehende Formen der Entziehung bzw. Einschränkung des Beweisantrags-

rechts dar. In dieser Gestalt kann die Fristsetzung aber gerade nicht pauschal und prophylaktisch erfolgen, sondern setzt voraus, dass bereits ein missbräuchliches Beweisantragsverhalten vorgelegen hatte.

IV. Insbesondere: Beschränkung der Geltendmachung von Verfahrensgarantien

12. Die neuere Entwicklung zur Beschränkung der Geltendmachung von Verfahrensgarantien ist tendenziell dadurch gekennzeichnet, dass für Ausnahmekonstellationen überzeugende, vielfach auch auf missbrauchsnahes Verteidigungsverhaltens reagierende Maßnahmen in pauschaler Weise ausgedehnt und so zur allgemeinen Verfahrensverschlankung eingesetzt werden.
13. Die damit verbundenen Mitwirkungspflichten für den Verteidiger können mit Blick auf die Aufgaben- und Verantwortungsverteilung zwischen Verteidigung und Strafverfolgungsbehörden nicht immer überzeugen.
14. Bei Beschränkungen *durch die Rechtsprechung* ist darauf zu achten, dass für die davon regelmäßig berührten Verfahrensgrundrechte der allgemeine Gesetzesvorbehalt gilt, der zwar keine enge Auslegung der Garantien verbietet, nach dem aber ungeschriebene Beschränkungen verfassungsrechtlich problematisch sind und jedenfalls klare gesetzliche Regelungen nicht unterlaufen werden dürfen.
15. Bei Beschränkungen *durch den Gesetzgeber* ist darauf zu achten, dass Einschränkungen der Rechtsausübung gegenüber dem gegenwärtigen *status quo* verfassungsrechtlich durchaus unbedenklich sein können, da das aktuelle Strafverfahrensrecht nicht immer (nur) den verfassungsrechtlich garantierten „Minimalumfang" der verfassungsrechtlichen Garantien beschreibt.
16. Auch im Strafverfahrensrecht und auch für das Handeln des Angeklagten bzw. seines Verteidigers gilt (über geschriebene Einzelausprägungen hinaus) ein allgemeines ungeschriebenes Missbrauchsverbot.
17. Die neuere Rechtsprechung zur sog. Rügeverkümmerung ist *de lege lata* erheblichen Zweifeln ausgesetzt, da durch sie die im Gesetz gerade nicht vorgesehene Figur des „Protokolls ohne Beweiskraft auf Grund inhaltlicher Unrichtigkeit" eingeführt wird. In der Sache ist sie nicht überzeugend, weil die damit verbundenen Gefahren außer Verhältnis dazu stehen, dass letztlich keine materiell unrichtigen Verfahrensergebnisse drohen.

18. Die bestehenden absoluten Revisionsgründe insbesondere des § 338 Nr. 1–7 haben sich trotz einer damit zwangsläufig verbundenen Unflexibilität bewährt und sollten nicht in grundsätzlicher Form weiter eingeschränkt werden. In den Fällen des § 338 Nr. 1–6 ist eine Relativierung aber gerechtfertigt, wenn das Beruhen nicht nur nicht ohne weiteres plausibel darlegbar, sondern denkgesetzlich ausgeschlossen ist.

Verzeichnis der abgekürzt zitierten Literatur*

Abdallah, T.: Die Problematik des Rechtsmißbrauchs im Strafverfahren, 2002

Altenhain, K./Hagemeier, I./Haimerl, M./Stammen, K.-H., Die Praxis der Absprachen in Wirtschaftsstrafverfahren, 2007

Bosch, N., Aspekte des nemo-tenetur-Prinzips aus verfassungsrechtlicher und strafprozessualer Sicht, 1998

Brett, A., Verfahrensdauer bei Verfassungsbeschwerdeverfahren im Horizont der Rechtsprechung des Europäischen Gerichtshofs für Menschenrechte zu Art. 6 Abs. 1 S. 1 EMRK, 2009.

Christensen, R./K., Hans in: *Feldner/Forgó* (Hrsg.), Norm und Entscheidung. Prolegomena zu einer Theorie des Falls, 2000, S. 189ff.

dies.: Theorie richterlichen Begründens, Berlin, 2001

dies.: Gesetzesbindung: Vom vertikalen zum horizontalen Verständnis, 2008

Cramer, P.: Zur Berechtigung absoluter Revisionsgründe, in: Baumann/Tiedemann (Hrsg.), Festschrift für Karl Peters, 1974, S. 239ff.

Dencker, F./Hamm, R.: Der Vergleich im Strafprozeß, 1988

Duttge, G.: Von Flutwellen, Sümpfen und Wetterzeichen, in: Schöch/Helgerth/Dölling/König (Hrsg.), Festschrift für Reinhard Böttcher, 2007, S. 53ff.

Eidam, L.: Aktuelle revisionsrechtliche Rechtsprechung zum Missbrauch strafprozessualer Rechte auf dem Prüfstand (Diskussionsbericht), in: Jahn/Nack (Hrsg.): Gesetzgebung, Rechtsprechung, Lehre: Wer regelt das Strafrecht?, 2009, S. 92ff.

Eschenhagen, A.: Der Mißbrauch des Beweisantragsrechts, 2001

Fahl, C.: Rechtsmissbrauch im Strafprozess, 2003

Fischer, T.: Beck'scher Kurzkommentar zum StGB, 57. Aufl., 2010

Frisch, W.: Wandel der Revision als Ausdruck geistigen und gesellschaftlichen Wandels, in: Weßlau/Wohlers (Hrsg.), Festschrift für Gerhard Fezer, Berlin 2008, S. 353ff.

* Auf Grund der Gesamtumfangvorgaben werden Beiträge in gängigen und leicht auffindbaren Zeitschriften vorliegend nicht aufgeführt, auch die bibliographischen Angaben sind verschlankt. Gleichwohl sollten die nachgewiesenen Titel auf Grund der Angaben eindeutig zuordenbar und ohne weiteres auffindbar sein.

Gaede, K.: Fairness als Teilhabe – Das Recht auf konkrete und wirksame Teilhabe durch Verteidigung gemäß Art. 6 EMRK, 2007

Gillmeister, F.: Gutachterliche Äußerungen zum Entwurf eines Gesetzes zur Regelung der Verständigung im Strafverfahren, abrufbar unter: http://www.bundestag.de/bundestag/ausschuesse/a06/anhoerungen/Archiv/49_Deal/04_Stellungnahmen/Stellungnahme_Gillmeister.pdf (zuletzt abgerufen am 14. 4. 2010)

Gless, S.: Konsensuale Verfahrenserledigungen in grösseren Wirtschaftsstrafverfahren – Chancen und Risiken, in: Ackermann/Wohlers (Hrsg.), Umfangreiche Wirtschaftsstrafverfahren in Theorie und Praxis, 2008, S. 115ff.

Gössel, K.H.: Gutachten C zum 60. Deutschen Juristentag, 1994

ders.: Zur Zulässigkeit von Absprachen im Strafverfahren in der Rechtsprechung, in: Schöch/Helgerth/Dölling/König (Hrsg.), Festschrift für Reinhard Böttcher, 2007, S. 79ff.

Graf, J. (Hrsg.): Beck'scher Online-Kommentar zur StPO, Edition: 5 Stand: 1. 10. 2009

Harms, M.: Neue wissenschaftliche Ufer wollen erobert werden, in: Jahn/Nack (Hrsg.): Gesetzgebung, Rechtsprechung, Lehre: Wer regelt das Strafrecht?, 2009, S. 15ff.

Hassemer, W.: Konsens im Strafprozeß, in: Michalke/Köberer/Pauly/Kirsch, Festschrift für Rainer Hamm, 2008, S. 171ff.

Hauer, J.: Geständnis und Absprache, 2007

Heidelberger Kommentar zur Strafprozessordnung, 4. Aufl., 2009

von Heintschel-Heinegg, B. (Hrsg.): Beck'scher Online-Kommentar zum StGB, Edition: 10 Stand: 1. 10. 2009

Henkel, H.: Strafverfahrensrecht, 1. Aufl., 1953

Hettinger, M.: Von der Gleichheit vor dem Gesetz zur Ungleichheit vor Gericht?, in: Jung/Luxenburger/Wahle (Hrsg.), Festschrift für Egon Müller, 2008, S. 261ff.

Jahn, M.: „Konfliktverteidigung“ und Inquisitionsmaxime, 1998

ders.: Gutachten C zum 67. Deutschen Juristentag, 2008

ders., Verfassungsrechtliche Grundlagen des Beweisantragsrechts der Verteidigung im deutschen Strafprozess, in: Neumann/Herzog (Hrsg.), Festschrift für Winfried Hassemer, 2010, S. 1005ff.

Karlsruher Kommentar zur StPO (hrsg. von R. Hannich), 6. Aufl., München, 2008

Jescheck, H./Weigend, T.: Strafrecht Allgemeiner Teil, 5. Aufl., 1996

Kempf, E.: Stellungnahme zum Entwurf eines Gesetzes zur Regelung der Verständigung im Strafverfahren, abrufbar unter: http://www.bundestag.de/bundestag/ausschuesse/a06/anhoerungen/Archiv/49_Deal/04_Stellungnahmen/Stellungnahme_Kempf.PDF (zuletzt abgerufen am 14. 4. 2010)

Kindhäuser, U.: Strafprozessrecht, 2. Aufl. 2010

KMR, Kommentar zur Strafprozessordnung (hrsg. von *von Heintschel-Heinegg, B./Stöckel, H.*), Stand 56. Ergänzungslieferung November 2009

König, S.: Stellungnahme zum Entwurf eines Gesetzes zur Regelung der Verständigung im Strafverfahren, abrufbar unter: http://www.bundestag.de/bundestag/ausschuesse/a06/anhoerungen/Archiv/49_Deal/04_Stellungnahmen/Stellungnahme_K__nig.pdf (zuletzt abgerufen am 14. 4. 2010)

Krey, V.: Studien zum Gesetzesvorbehalt im Strafrecht, 1977

Kudlich, H.: Strafprozeß und allgemeines Missbrauchsverbot, 1998

ders.: Erosion des Hauptverhandlungsprotokolls durch den Bundesgerichtshof?, Bucerius Law Journal (www.blj.de) 2007, 125 ff.

ders.: Wie absolut sind die absoluten Revisionsgründe?, in: Weßlau/Wohlers (Hrsg.), Festschrift für Gerhard Fezer, Berlin 2008, S. 435 ff.

Kudlich, H./Christensen, R.: Die Lücken-Lüge, JZ 2009, 943 ff.

Kühne, H.-H.: Strafprozessrecht, 7. Aufl., 2007

Kunz, Karl-Heinz, Absprache und abgekürztes Verfahren nach künftigem Schweizerischem Strafprozessrecht, in: Jung/Luxenburger/Wahle (Hrsg.), Festschrift für Egon Müller, 2008, S. 383 ff.

Lange, J.: Stellungnahme zum Entwurf eines Gesetzes zur Regelung der Verständigung im Strafverfahren, abrufbar unter: http://www.bundestag.de/bundestag/ausschuesse/a06/anhoerungen/Archiv/49_Deal/04_Stellungnahmen/Stellungnahme_Lange.pdf (zuletzt abgerufen am 14. 4. 2010)

Löwe-Rosenberg, StPO und GVG, 25. Aufl. 1997–2005; 26. Aufl. ab 2006

Lüderssen, K.: Verständigung im Strafverfahren, in: Michalke/Köberer/Pauly/Kirsch, Festschrift für Rainer Hamm, 2008, S. 419 ff.

Mehle, V.: Einschränkende Tendenzen im Bereich der absoluten Revisionsgründe (§ 338 StPO), 1981

Meyer-Goßner, L.: Beck'scher Kurzkommentar StPO, mit Nachtrag (Ergänzungsheft) zum Gesetz zur Regelung der Verständigung im Strafverfahren, 52. Aufl. 2009

Müller, M.: Probleme um eine gesetzliche Regelung der Absprachen im Strafverfahren, 2008

Nack, A.: Stellungnahme zum Entwurf eines Gesetzes zur Regelung der Verständigung im Strafverfahren, abrufbar unter: http://www.bundestag.de/bundestag/ausschuesse/a06/anhoerungen/Archiv/49_Deal/04_Stellungnahmen/Stellungnahme_Nack.pdf (zuletzt abgerufen am 14. 4. 2010)

Niemüller, M./Schlothauer, R./Wieder: Kommentar zum Gesetz zur Verständigung im Strafverfahren, 2010

Pfister, W.: Neue Formen der Einlassung des Angeklagten in der Hauptverhandlung – neue Chancen, neue Risiken, NStZ 2009 Sonderheft für Miebach, S. 25ff.

Rosa, H.: Beschleunigung. Die Veränderung der Zeitstrukturen in der Moderne, Frankfurt am Main, 2005

Roxin, I.: Die Rechtsfolgen schwerwiegender Rechtsstaatsverstöße in der Strafrechtspflege, 4. Aufl. 2004

Satzger, H.: Gutachten C zum 65. Deutschen Juristentag, 2004

Sauer, D.: Konsensuale Verfahrensweisen im Wirtschafts- und Steuerstrafrecht, 2008

Sauer, W.: Grundlagen des Prozessrechts, 1929

Schlüchter, E.: Zum normativen Zusammenhang zwischen Rechtsfehler und Urteil, in: dies./Laubenthal, Festschrift für Friedrich-Wilhelm Krause, 1990, S. 485ff.

Schöch, G.: Urteilsabsprachen in der Strafrechtspraxis, 2007

Schünemann, B.: Gutachten B zum 58. Deutschen Juristentag, 1990

Sieber, U.: Die Kollision von materiellem und prozessualem Strafrecht – Ein Grundlagenproblem des Strafrechtsproblems:, in: *Schünemann/Achenbach/Bottke/Haffke/Rudolphi* (Hrsg.), Festschrift für Claus Roxin, 2001, 1113ff.

Spiekermann, M.: Der Mißbrauch des Beweisantragsrechts, 2001

Streng, F.: Verfahrensabsprachen und Strafzumessung, in: Feltes/Pfeiffer/Steinhilper (Hrsg.), Festschrift für Hans-Dieter Schwind, 2006, S. 447ff.

Systematischer Kommentar zur StPO (bearbeitet von Rudolphi/Frisch/u.a.) Stand: 63. Lieferung, Dezember 2009

Verrel, T.: Selbstbelastungsfreiheit im Strafverfahren, 2001

Volk, K.: Diverse Wahrheiten, in: Eser/Kullmann/Meyer-Goßner/Odersky/Voss (Hrsg.), Festschrift für Hanskarl Salger, 1995, S. 411ff.

ders., Grundkurs StPO, 6. Aufl. 2008

Vormbaum, T./Welp, J. (Hrsg.): Das Strafgesetzbuch – Sammlung der Änderungsgesetze und Neubekanntmachungen (Bände I–IV), 1999–2002

Weichbrodt, K.: Das Konsensprinzip strafprozessualer Absprachen, 2006

Weichert, T.: Informationielle Selbstbestimmung und strafrechtliche Ermittlung, 1990

Weßlau, E.: Strategische Planspiele oder konzeptionelle Neuausrichtung?, in: Jung/Luxenburger/Wahle (Hrsg.), Festschrift für Egon Müller, 2008, S. 779ff.